D0925172

NEW YORK
Itinéraires

Miles Hyman et Vincent Rea

casterman

REMERCIEMENTS DES AUTEURS

MILES HYMAN

Ce livre est dédié à mes parents. Je tiens à remercier tous ceux qui ont apporté leurs aide et conseils pour enrichir ce livre : Joan Schenkar, Karen Collins et Jesse Kornbluth, Pat Lindgren, Ema Yamashiro, Greg Asch et Vija Brazus, Chris Skutch, Jimmy Wallenstein, David Schorr, Matthew Tivy et Rebecca Lax. Merci à mes enfants pour leur soutien, dans l'espoir qu'eux aussi aimeront un jour cette belle ville ! Merci à Vincent Rea, compagnon de route formidable. Et, pour finir, un très grand merci à ma chère Carole qui, de Hell's Kitchen à Soho, de Coney Island à Astoria a accepté d'arpenter les rues de cette vaste ville avec moi, en février, sous la pluie et la neige, pour que notre livre soit réussi !

VINCENT REA

Au générique de cette aventure, en partant du Brooklyn Bridge et en allant vers l'Est : Minori Kuraoka-Moors pour le plus agréable des gîtes et parfois même le couvert, Stéphanie Chayet pour ses bons conseils distillés autour d'une pizza sur le pouce, et la boîte de Campbell Soup, Emmanuelle Becquemin et sa liste incomparable de "hot spots", la talentueuse Anastasia Vasilakis, le bienveillant et solidaire Hervé Ollitraut-Bernard, Cécile Cazenave pour son i-book, Karen Bastien pour ses bouquins, Pascal et Manu pour ce voyage initiatique autour de Roosevelt Island, Didier et Juliette pour leur confiance, leur enthousiasme et leur ténacité. Mr Miles, excellent compagnon de route et dessinateur hors pair. Et enfin, bien sûr, Nathalie et Milo pour avoir patienté sans broncher pendant ces longues semaines d'absence.

Responsables de collection : Didier Férat et Nadia Gibert
Coordination éditoriale et graphique : Juliette Stephens
Conception maquette et couverture : Valérie Police
Mise en page et couverture : Frédéric Joffre
Cartographie : Afdec (Florence Bonijol, Bertrand de Brun, Martine Marmouget, Catherine Zacharopoulo)
Correction : Christiane Mouttet
Indexation : Nicolas Benzoni

© **CASTERMAN / CONVERGENCES TOURISME, un département de Place des éditeurs.**
Lonely Planet et le logo de Lonely Planet sont des marques déposées de Lonely Planet Publications Pty Ltd.
Casterman est une marque enregistrée détenue par Editions Casterman s.a.

Dépôt légal : février 2009
ISBN 978-2-81610-133-1

Imprimé en Chine

SOMMAIRE

INTRODUCTION

Mille fois filmée, mille fois fantasmée, New York incarne peut-être plus que n'importe quelle autre mégalopole le rêve d'un monde nouveau. Une ville debout dont les audaces architecturales sont à la (dé)mesure des défis qu'elle relève depuis sa fondation. Une ville hyperactive et sans doute un peu intimidante pour qui débarque du Vieux Continent, mais immédiatement stimulante, car elle est traversée par une énergie que même le visiteur de passage peut ressentir à la minute où il y pose le pied. Et derrière sa verticalité, son bitume et son bourdonnement permanent, Big Apple réserve bien des surprises. Des instants de sérénité, assis sur une pelouse ou devant un cocktail ; des saveurs et des accents venus des quatre coins du globe, car des nouvelles vagues de migrants viennent se fondre dans ce creuset des langues et des cultures, façonnant une Babel aux visages multiples. Là où le yiddish ou le napolitain tenaient le haut du pavé, c'est en hindi, en espagnol ou en arabe que l'on entend désormais rouler les "r" ! Et toutes ces influences se brassent pour donner naissance à un formidable élan créatif. Oui, New York est toujours aussi friande de culture. Elle en consomme, bien sûr, mais elle en produit. En permanence, des galeries d'art de Chelsea aux musées contemporains du Queens, une foule d'amateurs vient s'extasier devant les œuvres d'artistes sanctifiés et de jeunes gens prometteurs. Et si l'on vous dit que New York n'est plus ce qu'elle était, qu'elle s'est embourgeoisée, endormie… quittez Manhattan ! Vous en trouverez l'éclatante contradiction du côté de Brooklyn et du Queens. Sur les marchés aux puces, dans les bars, les parcs et les étonnants lieux culturels qui ont poussé de l'autre côté de l'East River, vous trouverez des New-Yorkais "qui ne se la racontent pas", et une insoupçonnable convivialité. Sans parler des marchés fermiers. Car New York s'est découvert une passion pour le bio. Ses habitants, loin du cliché "soda-hamburger" s'affirment de plus en plus comme une sorte d'épicuriens urbains, plébiscitant les tables raffinées, les producteurs locaux et les épiceries *organic*. New York, ville verte ? Voilà qui aurait fait sourire il y a quelques années. C'est aujourd'hui une réalité. La ville se bâtit des tours plus écologiques et tout en transparence ; elle se dessine des pistes pour piétons, cyclistes, rolleurs… Et des promenades plantées qui courent sur d'anciens rails au cœur des quartiers les plus arty ! Elle soigne son littoral à grands traits de verdure, et ses vieux quartiers industriels, jadis infréquentables, deviennent les nouveaux eldorados. La Grosse Pomme que l'on croyait pourrie se régénère en permanence. Il faudra y retourner, et y retourner sans crainte, car la fascination demeure, à chaque fois, intacte.

EXPÉRIENCES NEW-YORKAISES INCONTOURNABLES

Les icônes

Le triangle parfait du Flatiron (le "fer à repasser"). Et aussi : le Brooklyn Bridge, l'Empire State Building, le Chrysler Building, Central Park et la statue de la Liberté.

Les musées

Le musée Guggenheim, sans doute le plus étonnant des musées new-yorkais.
Et aussi : le Metropolitan Museum, le MoMA agrandi, le très récent New
Museum, Ellis Island, pour un rendez-vous avec l'histoire, le PS1 à Long Island
City, et le DIA Beacon, à 1h de Manhattan.

Points de vue

La vue sur la city depuis le "Top of the Rock" du Rockefeller Center. Et aussi :
le 86ᵉ étage de l'Empire State Building, le bar panoramique du Gansevoort Hotel,
et quelques stations du métro aérien comme Smith/9th Sts à Brooklyn.

Vie nocturne

Une session de jazz dans la magnifique et mythique salle Art déco du Lenox Lounge à Harlem, où se sont produits Billie Holiday et Miles Davis. Et aussi : les bars branchés du Lower East Side et de Williamsburg, les théâtres de Broadway et les clubs en vogue comme le Cielo et le Marquee.

Ambiance de rue

Washington Square Park, le jardin bohème de Greenwich. Et aussi : la mythique Cinquième Avenue, les rues pavées de Meatpacking, les trottoirs postrock de l'East Village, le quartier chic et ombragé de Brooklyn Heights, les vibes afro de 125th St et ses environs à Harlem…

Expériences culinaires

Un hot dog sur Broadway. Et aussi : bagels chez H&H et Zabar's, pizzas chez Lombardi's, asiatique au Spice Market et au Momofuku Noddle Bar, grec à Astoria, indien à Jackson Heights, sans oublier le brunch chez Bubby's ou au Schiller's Liquor Bar.

VERTICALITÉ

ARCHITECTURE MODERNE

ITINÉRAIRE

DÉPART : MÉTRO BOWLING GREEN
ARRIVÉE : COLUMBUS CIRCLE
PRATIQUE : Le Skyscraper Museum étant fermé le matin, il est préférable de
démarrer de Ground Zero, quitte à revenir au musée en fin de parcours par le
métro 1 ou le bus n°20.

VERTICALITÉ
ARCHITECTURE MODERNE

Stigmates virils et insolents de sa puissance économique, des centaines de buildings ont surgi du ventre de Manhattan pendant plus d'un siècle, donnant au rêve américain une dimension vertigineuse. Néogothique, postmoderne ou Art déco, tous les styles architecturaux se côtoient au cœur de cette "ville debout" qui donne le tournis et sollicite sans cesse les cervicales du visiteur ébahi. Reste que dans les années 1980, au bord de la faillite et minée par une sévère pénurie de terrains, New York s'est soudain recroquevillée à l'ombre de sa skyline, où plus aucun édifice remarquable ne poussait. Mais ce temps mort fut de courte durée. Voilà une dizaine d'année que le vent du dynamisme souffle à nouveau sur la ville, lui redonnant des envies de verticalité. Dans la foulée du Français Christian de Portzamparc, les (st)architectes du monde entier se donnent alors rendez-vous à Manhattan pour piquer la Grosse Pomme de leurs plus élégantes réalisations. Une renaissance aérienne et toute en transparence, marquée par des résilles d'aluminium, des spirales inspirées et des panneaux de verre. Mieux, toujours en pointe, cette ville qui a inventé le loft popularise aujourd'hui le gratte-ciel "vert", alliant ergonomie, design et développement durable. Et si les tours jumelles du World Trade Center, disparues en septembre 2001, sont encore dans toutes les mémoires, les ouvriers s'activent sur Ground Zero afin d'ériger à leur place de nouveaux prismes étincelants.

⚓ Battery Park et le Financial District

On peut passer dix fois devant sans le voir. Le **Skyscraper Museum** ❶ – ou musée du Gratte-Ciel – se niche au ras du bitume, sous l'imposante masse du Ritz Carlton, le seul hôtel de New-York – dit-on – situé face à la mer. Il se trouve, à vrai dire, dans un coin du Financial District bien peu chaleureux envers le piéton. De la station *Bowling Green* [lignes 4 et 5], afin de s'épargner d'inutiles tête-à-tête avec les chauffeurs pressés, on choisira de traverser l'avenue et de longer Battery Park vers l'ouest, jusqu'au Museum of Jewish Heritage ; le "Skyscraper" se trouve juste en face. À l'intérieur, les galeries parées d'inox se reflètent à l'infini, organisant une mise en abîme de la verticalité. On s'y intéresse sans effort à une étude sur la construction de l'Empire State Building, à un comparatif illustré des plus hautes tours du monde, au

Bowling Green Park
Inauguré en 1733, le Bowling Green Park est le plus ancien square de la ville. Une plaque posée à l'entrée précise que les Patriotes y déboulonnèrent la statue du roi George III d'Angleterre en 1776.

plan interactif du Manhattan d'hier et d'aujourd'hui, ainsi qu'à des expositions temporaires déclinées bien entendu autour de l'architecture et de ses plus grands serviteurs. Bref, une excellente mise en bouche, avant d'aller plus loin. Plus loin ? À droite, en sortant.

Site du World Trade Center

À l'extrémité en T de Battery Place, légèrement sur la droite s'ouvre le West Thames Park qui file vers le nord. Cette promenade dotée d'un modeste playground débouche sur **Ground Zero** ❷. Accessible par un escalier, la passerelle vitrée qui survole West St, mène sur la gauche au **World Financial Center** ❸. Il ne s'agit pas d'aller boursicoter, mais plutôt de prendre un peu de hauteur pour embrasser du regard le site de ce qui fut un temps le cœur marchand du monde. De la mezzanine du WFC, on domine en effet le vaste chantier. Ouvriers et tractopelles s'activent dans un périmètre qui semble bien petit pour avoir accueilli – entre autres – deux jumelles de 110 étages. D'ici quelques années devrait se tenir ici même la plus haute tour jamais construite : la **Freedom Tower** – ou **One World Trade Center** (541 mètres ou 1776 pieds, en référence à l'année de l'indépendance des États-Unis) –, ainsi que quatre autres buildings conçus par les plus grands architectes,

Chantier de Ground Zero entouré des immeubles du Financial District

GROUND ZERO... ET APRÈS ?

Site consacré au souvenir ? Espace multiculturel ? Centre dédié à tous les combats pour la liberté et les droits de l'homme ? La cacophonie était telle que le grand ordonnateur du projet, l'architecte Daniel Libeskind, menaça de se retirer du projet. Un accord a pourtant été trouvé. Avec ses 541 mètres, ses bureaux, et son restaurant panoramique, la très haute One World Trade Center – surnommée "Freedom Tower" – dominera trois autres buildings dessinés par de grands architectes et pour l'instant sans autre nom que leur adresse : le 200 Greenwich de lord Norman Foster (411 m), le 175 Greenwich de Richard Rogers (383 m) et le 150 Greenwich de Fumihiko Maki (297 m). Leurs lignes audacieuses se sont effacées au profit des silhouettes plus classiques exigées par les normes de sécurité. Quant au Memorial proprement dit, baptisé "Reflecting Absence", il a été conçu par l'architecte Michael Arad et le paysagiste Peter Walker. Situé au cœur du site et partiellement enterré, ce mémorial arboré sera percé de deux bassins rectangulaires symbolisant l'empreinte des tours jumelles et perpétuellement alimentés par des chutes d'eau. Fin prévue des travaux en... 2014.

tels lord Norman Foster ou Richard Rogers. Ce nouveau World Trade Center, dirigé par l'architecte Daniel Libeskind – concepteur de l'Imperial War Museum à Manchester ou du Musée juif de Berlin – devrait être inauguré en 2012. En attendant, on soulignera la variété de styles présents tout autour du chantier : de la St Paul's Chapel, en face, érigée en 1776, à la façade rectiligne du Millenium Hotel voisin, miraculeusement épargné, en passant par la silhouette de verre strié du **WTC 7** (228 mètres et 52 étages), rapidement reconstruit après la catastrophe, sur la gauche.

On sort du WFC par un jeu de piste, en passant d'abord par le jardin d'hiver aux grands palmiers, à l'entrée, d'où l'on aperçoit l'Hudson tout proche. Au pied des marches, un corridor mène, sur la droite, vers un étroit escalator. Il faut l'emprunter pour rejoindre une coursive qui file, elle aussi, vers la droite, en direction de Vesey St et conduit à d'autres escalators descendant – enfin ! – vers la sortie. Une nouvelle passerelle, d'où l'on ne voit pas grand-chose, traverse West St et aboutit à l'angle nord-ouest du chantier.

SoHo

La station *Cortlandt St* étant fermée depuis les attentats, il faut continuer jusqu'à *Chambers St* [ligne 1] et son long couloir livré à d'étranges regards. Quelques minutes plus tard, en sortant à *Canal St*, on entre dans SoHo. Fines colonnes d'acier peintes en gris,

escaliers de secours zigzaguant sur les façades, murs de briques rouge ou crème, frontons néocorinthiens et corniches ciselées… Ce mélange d'architecture industrielle et de style localement appelé "Renaissance Revival" fut lui aussi révolutionnaire en son temps. Depuis le métro *Canal St,* une bonne idée serait d'emprunter Thompson St, avant de tourner à droite dans Grand St. Autour du carrefour de Grand St et de Greene St, ce sont désormais de grands designers (Boffi, Artemide ou Ingo Maurer) qui squattent les rez-de-chaussée de superbes édifices élevés entre 1870 et 1910. Et la modernité surgit à l'angle de Mercer St avec la "Glass Box" de Jean Nouvel qui revisite le SoHo d'hier : sur treize étages, la sombre poutraison métallique du **40 Mercer ④** enserre

une quarantaine d'appartements aux immenses baies vitrées rétractables qui captent et renvoient la lumière brillante du ciel new-yorkais. Cette résidence subtilement contemporaine, idéale pour un pied-à-terre de quelques millions de dollars, dispose même d'un petit jardin ouvert sur

Prada
Signe des temps, l'architecte Rem Koolhaas a signé le design du magasin Prada, en lieu et place d'une ancienne annexe du musée Guggenheim située à l'angle de Broadway et de Prince St. À l'intérieur, assez minimaliste, une grande vague de bois relie les deux niveaux. Et des gadgets technologiques sont glissés çà et là, comme dans les cabines d'essayage, en sous-sol.

LE LOFT EST NÉ À SOHO

Campagne vallonnée cultivée par des esclaves affranchis, puis "enfer" pavé de théâtres et de bordels, SoHo se tourne entièrement vers le négoce après la guerre de Sécession (1861-1865). On détruit les baraques pour édifier de vastes manufactures liées principalement au textile, et SoHo devient le poumon économique de New York. Changement de décor à partir des années 1950. Mal famé, désœuvré, le quartier menacé de destruction reçoit les premiers artistes qui fuient le Village aux loyers trop élevés. Ils s'installent ici et là dans ces entrepôts abandonnés aux volumes insensés. Le concept du loft est né… d'abord sous la forme insalubre et précaire du squatt. Mais petit à petit, alors qu'un projet d'autoroute urbaine menace d'anéantir cette friche bohème, un cercle influent d'avocats, d'artistes et de défenseurs du patrimoine obtient, en 1973, le classement du quartier en zone historique. SoHo devient alors le cœur artistique de New York, les loyers explosent, le loft s'exporte dans le monde entier, et les pionniers, eux, partent vers des pénates plus abordables…

Haughwout Building
Construit en 1857, le Haughwout Building fut surnommé le "Parthénon" en raison de la finesse de sa double façade – l'une sur Broadway, l'autre sur Broome St – contrastant avec son corps massif. On s'y approvisionnait en chandeliers, miroirs et porcelaines de Chine. Révolutionnaire, il intégra immédiatement l'ascenseur à vapeur d'Elisha Otis.

Broadway. La plus longue avenue de Manhattan porte quant à elle deux édifices emblématiques des années glorieuses : au n°488, le **Haughwout Building** ❺, et au n°561 le très Art nouveau **Little Singer Building** ❻. Cheminant vers le nord, et parmi les nombreux et tentants magasins, on stoppera dans trois adresses très newyorkaises : l'épicerie – très – fine Dean & Deluca, la vieille maison de la presse internationale Universal Newspapers, où l'on peut se restaurer, et l'incroyable Pearl River, gorgé sur deux niveaux d'objets chinois en tous genres, du plus utile au plus futile.

Au prochain carrefour, on s'engouffre à gauche dans Prince St. Au n°103, l'ancienne poste du quartier a été réinvestie par **Apple** ❼. À l'intérieur, une élégante verrière zénithale laisse passer la lumière et dévoile une image très new-yorkaise : le toit d'un immeuble surmonté d'un réservoir ! Avec une dizaine d'ordinateurs en libre accès, cette "station A" tombe à pic pour surfer sur le web ou consulter ses mails. Un peu plus loin, on suivra West Broadway vers le nord, en jetant un coup d'œil à gauche dans West

Houston St, à l'enseigne sulfureuse de Madame X, et ses salons tendus de velours carmin où l'on se jure de revenir boire un cocktail.

Après avoir traversé W Houston St, on se retrouve sur LaGuardia Place, qui, comme son nom ne l'indique pas, n'est autre qu'une rue ! Surgit alors un décor inattendu de barres d'immeubles et de rares pelouses, de dalles de béton et de petits jardins communautaires entretenus par les riverains. Sur le trottoir de gauche, entre deux vitrines, on poussera la porte du n°536. Il s'agit du **Center for Architecture** ❽ de l'American Institue of Architects, l'AIA. Ce centre petit mais bien conçu héberge la New York Foundation for Architecture. Il organise des projections, des conférences, des expositions temporaires, et présente des maquettes explicitant les principaux projets urbanistiques de la ville.

NoLiTa et le Lower East Side

Après cette passionnante contre-plongée dans l'architecture, on reviendra quelques pas en arrière, afin de récupérer Bleecker St vers l'est et entrer dans NoLiTa, acronyme de North of Little Italy. Ce quartier jadis bondé de familles italo-américaines est aujourd'hui un havre paisible dont les rues arborées sont truffées d'ateliers de créateurs et de cantines branchés. Sur Elizabeth St, au pied de ces petits immeubles de brique serrés les uns contre les autres, on soulignera l'incongruité d'une entreprise de statues de jardin, et la chevelure gominée d'un barbier à l'ancienne, dont les fauteuils invitent à remonter le temps.

À deux pas d'Elizabeth St, le **New Museum of Contemporary Arts** ❾ surveille The Bowery, large avenue qui se rachète aujourd'hui une conduite après avoir longtemps accueilli sur ses trottoirs déglingués une faune incontrôlable de junkies, de punks et de clochards. De l'extérieur, les étages décalés de ce musée inauguré en 2006 ressemblent à de grosses boîtes blanches empilées par un duo de dieux ivres… en l'occurrence les architectes japonais Kazuyo Sejima et Ryue Nishizawa. Poutrelles blanches, façade résillée, intérieur minimaliste, le NMCA se conçoit lui-même comme un espace de réflexion sur l'intégration d'un musée dans son environnement, et s'imagine en "hub", connectant – via le multimédia – des lieux culturels disséminés aux quatre coins du globe, de l'Égypte aux Pays-Bas, en passant par le Mexique et la Corée du Sud. Par un monte-charge vert anis, on accède au 5ᵉ étage où un staff sympa et très pointu répond avec enthousiasme à toutes les questions imaginables. Et l'on redescend de salle en salle par un étroit escalier dans les murs duquel se niche une petite pièce dédiée à la vidéo. Ouverte le week-end, la terrasse panoramique offre une perspective originale sur Manhattan. Quant au sous-sol – et même aux toilettes ! – ils affichent un bel hommage au mécénat culturel.
De retour à l'extérieur, on peut choisir de s'enfoncer vers le sud, au cœur du Lower East Side, d'où émergent deux

Entrée du Chrysler Building

The Bowery
Reprenant le tracé de la route menant à la ferme de Peter Stuyvesant, The Bowery ("Bouwerij" en néerlandais) était au XIXᵉ siècle bordé de théâtres. Ses trottoirs connurent ensuite une longue descente aux enfers et un taux de criminalité effrayant, devenant un no man's land peuplé d'ivrognes, de trafiquants et de marginaux. Mais Rudy Giuliani est passé par là, et comme Little Italy et le Lower East Side voisins, l'avenue se pare désormais de lofts hors de prix et d'adresses branchées.

édifices contemporains : le **THOR** ⑩, aux immenses baies vitrées, sur Rivington St, hôtel chouchou des stars, et le **Blue Condominium** ⑪, sur Norfolk St. Surnommée "The Blue", cette tour résidentielle évoque un gros saphir taillé par l'architecte franco-suisse Bernard Tschumi, concepteur du Parc de la Villette à Paris. Mais on peut tout aussi bien remonter The Bowery vers le nord, et rejoindre la station *2nd Avenue* [ligne F], en longeant

de profonds magasins comme Chef, où s'entassent une armada de machines à faire pâlir d'envie les apprentis cuisiniers : percolateurs géants, machines à couper le jambon, sorbetières, etc.

Midtown : autour de Times Square
Passé les portillons, direction "Uptown", pour un court voyage jusqu'à *42nd St-Bryant Park*. En

surface, le **Chrysler Building** ⑫ (319 mètres et 77 étages) dresse ses gargouilles Art déco dans la perspective de la 42nd St. Petite souris dans ce quartier de Midtown dont les hauteurs vertigineuses donnent le tournis, on longe la Public Library et Bryant Park, où l'hiver, les citadins patinent en rond, le regard hypnotisé par la **Bank of America Tower** ⑬. Conçue par les architectes Richard Cook et Robert Fox, cette gigantesque tour de verre s'élance vers le ciel, à l'angle de 6th St et de 42nd St. Inaugurée en 2009, elle affirme le triomphe d'une architecture durable et responsable : matériaux recyclés et recyclables, générateurs éoliens,

Bryant Park
Un vieux carrousel, des chaises et quelques tables… Bryant Park est parfois surnommé "le Petit Luxembourg". Ce jardin à la française dominé par l'American Radiator Building englobe la Bibliothèque publique de New York, et ses toilettes publiques – centenaires – sont classées. Il accueille l'été un festival de cinéma, et l'hiver une patinoire ainsi qu'un marché de Noël.

ÉLOGE DE LA TRANSPARENCE

Dans cette métropole si dense que la lumière a parfois du mal à se glisser entre les tours, la transparence s'insinue aujourd'hui partout, distillée par les plus grands architectes. Créations, modifications et agrandissements apportent de la légèreté et une touche très contemporaine. Voici quelques exemples d'édifices laissant désormais entrer le soleil :

La Tour LVMH (21 East 57th St), signée Christian de Portzamparc. Luminescent et novateur, ce building inauguré en 1999 fut l'un des pionniers du genre. Lignes brisées, pans coupés, dissymétrie assumée, sa façade cristalline semble perçue au travers d'un prisme.

Le MoMA (11 West 53rd St), rénové par Yoshio Taniguchi qui a superbement éclaté les volumes et doublé l'espace d'exposition de ce musée dont la collection permanente abrite plus de 100 000 œuvres. Excellent point de vue d'ensemble – notamment sur le Sculpture Garden – depuis le restaurant Terrace 5.

Le Morgan Library & Museum (225 Madison Ave), redessinée par Renzo Piano, qui a ajouté un lumineux atrium, une nouvelle salle de lecture et une entrée sur Madison.

La glass booth de l'Apple Store (767 5th Ave). Ce cube de verre de 10 mètres de côté abrite l'entrée du magasin situé, lui, sous le trottoir de la célèbre avenue. Les touristes le placent régulièrement en tête de leurs "monuments" préférés.

L'IAC Building (555 West 18thSt) conçu par Frank Gehry. Un édifice déconstructiviste de zinc et de verre comme un château de cartes illuminé de l'intérieur, ou un iceberg torsadé posé au bord de l'Hudson.

plaques d'isolation transparentes laissant passer la lumière naturelle, récupération des eaux de pluie, filtres à air permettant de "dépolluer" Manhattan… Deux pointes asymétriques, dont l'une culmine à 366 mètres, viennent coiffer cette écoconstruction cristalline en forme de prisme, à peine moins haute que l'**Empire State Building** 14 sans son antenne (381 mètres et 102 étages). Par la 6th Ave, en bordure de Bryant Park, on se dirige vers West 41st St que l'on suit jusqu'à 8th Ave. C'est ici que le **New York Times Building** 15 (242 W 41st St ; 228 mètres et

Empire State Building
Inauguré en 1931, c'est le plus célèbre gratte-ciel de la skyline new-yorkaise. Ce colosse en pierre calcaire fut édifié en 410 jours, soit 7 millions d'heures de main d'œuvre, au plus profond de la crise, pour un coût de 41 millions de dollars.

Urban Center Books
Aux portes de l'Upper East Side, les élégantes Villard Houses hébergent l'Urban Center Books (457 Madison Ave), une petite librairie remplie jusqu'au plafond d'ouvrages sur l'architecture. On accède aux rayons supérieurs par de hautes échelles ! Une visite à ne pas manquer pour les passionnés, qui pourront se plonger des heures durant dans la consultation des incroyables collections de cette bonne maison.

52 étages) accueille depuis 2007 le grand quotidien new-yorkais dans sa juridiction traditionnelle de Times Square qui lui doit son nom. Drapée dans un "rideau" constitué de fines tubulures de céramique blanche, cette composition transparente de Renzo Piano abolit les frontières entre le dehors et le dedans ; une impression particulièrement marquée dans le vaste patio planté de bouleaux. Au sud de l'immeuble s'étend l'une des dernières zones un peu glauques de Manhattan : le Garment District, fief traditionnel des grossistes en prêt-à-porter.

Au nord, c'est Times Square et le Theatre District. On remonte 8th Ave, en passant devant le **Westin Hotel** ⑯ (270 W 43rd St), au visage postmoderniste très controversé. Ses lignes brisées et son patchwork d'ocres et de bleus figurent le comble du mauvais goût pour certains, quand d'autres y décèlent un trait de poésie urbaine. Plus haut, au niveau de la 58th St, se dresse sur l'avenue une tour aussi magnifique qu'écologique : le **Hearst Magazine Building** ⑰, achevé en 2006, l'un des tout premiers – sinon le premier – bâtiments "verts" de NY, notamment en matière de climatisation naturelle et de recyclage des eaux pluviales. Ce diamant facetté imaginé par lord Norman Foster, est monté sur un socle de cinq étages Art déco, construit juste avant la crise de 1929 et abandonné

pour cause de Grande Dépression. Il abrite aujourd'hui l'ensemble des publications du groupe de presse Hearst, dont *Cosmopolitan* et le *San Francisco Chronicle*.

Tout près de là, sur Columbus Circle, les tours jumelles du **Time Warner Center** ⑱ montent la garde depuis 2003 à l'angle sud-ouest de Central Park. Elles sont signées David Childs et Mustafa Kemal Abadan. On notera que leur construction a été décidée bien avant les attentats du 11-Septembre. Des sous-sols aux sommets, en passant par leur base qui épouse l'arrondi de la place, ces deux parallélépipèdes étincelants de 229 mètres de hauteur abritent hôtels de luxe, magasins, boutiques, studios de télévision,

GLOSSAIRE

Quelques mots d'un vocabulaire architectural très new-yorkais :

Basement : littéralement fondation ou sous-sol. Ce niveau correspond généralement à l'étage à demi-enterré de certains immeubles et des brownstones (lire ci-dessous). Percé de fenêtres et d'une porte, il peut abriter appartements, boutiques, cafés ou restaurants.

Brownstones : maisons de grès rouge-brun souvent mitoyennes, alignées en "*rows*" (allées) et desservies par un escalier extérieur permettant de gagner le premier étage. Les plus belles allées de brownstones se trouvent à Chelsea, dans le West Village, mais aussi à Brooklyn (Park Slope) et Harlem (Strivers Row).

Cast-iron buildings : immeubles industriels construits à la fin du XIXe siècle, notamment à SoHo. Pour les façades, et même l'ossature de ces édifices, les architectes choisirent un matériau révolutionnaire, la fonte (cast-iron), moins chère que la pierre, moins inflammable que le bois et surtout facilement usinable. Résultat : des bâtiments très rapidement construits, aux somptueuses façades ouvragées.

International (style) : Style architectural majeur de 1945 aux années 1970 marqué par une géométrie basique, voire stricte, et l'absence générale d'ornements. Parmi ces dizaines de hauts prismes rectangulaires qui poussèrent downtown comme des champignons : l'immeuble noir et blanc du 9 West 57th St et le siège de l'ONU, au bord de l'East River.

bureaux et logements. À leur pied, l'immeuble luminescent du **Museum of Art and Design (MAD)**, réouvert en septembre 2008 après avoir été totalement repensé, paraît minuscule. Mais les trésors qui y sont exposés avec humour et simplicité ramènent ses deux clinquantes voisines… au ras du sol.

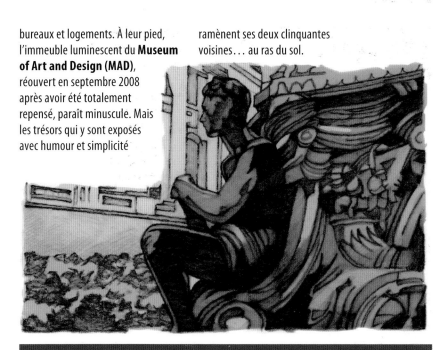

Postmodernisme : réaction architecturale à la rectitude du style précédent. Les architectes composent avec des formes et des structures plus libres, associent le verre, la pierre et l'acier, et réintroduisent des éléments décoratifs puisés dans le passé. Le postmodernisme, à l'œuvre depuis 1964, couvre une large palette d'édifices allant du Lipstick Building (885 3rd Ave) au Sony Building (550 Madison Ave) en passant par la tour LVMH (21 East 57th St).

Skyline : ligne d'horizon urbaine dessinée par les buildings. Les tours jumelles ont longtemps marqué la skyline new-yorkaise, d'où émerge aujourd'hui à nouveau l'Empire State Building.

Tenements : immeubles d'habitation construits à partir de 1839 afin d'héberger les populations d'immigrants qui s'y entassaient dans des appartements d'une ou deux pièces. Leurs façades de brique zébrées d'escaliers de secours sont typiques du Lower East Side.

Wedding Cake (ou Setback style) : ensemble de styles architecturaux florissant entre 1920 et 1950 caractérisés par la superposition de niveaux de plus en plus étroits, évoquant la forme d'une pièce montée. Exemples : les très Art déco New Yorker Hotel (481 8th Ave) et Paramount Building (1501 Broadway).

Par-dessus les toits

Un vrai paradoxe ! Non, il n'est pas si facile de prendre de la hauteur dans cette cité pourtant toute en verticalité. Évidemment, on pourrait s'offrir un – petit – tour en hélicoptère. Moyennant un minimum de 150 $, décollant d'un héliport tapi au bord de l'Hudson, on disposerait d'un gros quart d'heure pour embrasser d'un regard ému cette fameuse "Grosse Pomme" hérissée de buildings. Mais c'est un peu cher payé. Alors on se dit qu'on achèterait plutôt un ticket à 20 $ pour le sommet de l'**Empire State Building**. Empruntant un ascenseur jusqu'au 86e étage (320 m), on sortirait sur la passerelle en poussant des Ooh ! et des Aah ! devant un Manhattan alangui de tous côtés en cinémascope... La visite nocturne est un must ; le dernier ascenseur part à 1h15 du matin. En revanche, il est absolument inutile de débourser 15 $ de plus, pour se hisser au 102e étage (381 m) et se retrouver enfermé derrière un hublot.

Mais comment faire pour admirer Manhattan et l'Empire State ? Direction le Top of the Rocks. À 260 mètres du trottoir, les fameuses terrasses Art déco du **Rockefeller Center** présentent l'avantage d'être moins bondées. Vision à 360°, vue plongeante sur Central Park, mais... le Chrysler Building est masqué. Et, quand même, l'endroit manque un peu de glamour. Alors on entend dire que le **New Museum of Contemporary Art**, sur The Bowery, bien que d'une altitude modeste, disposerait lui aussi d'une terrasse panoramique. Effectivement. Très ouverte aux réjouissances privées mais aussi, le week end, au grand public, la Sky Room du 7e étage, offre un point de vue original : tandis qu'au pied du musée, le Lower East Side et ses vieux immeubles composent un tapis bariolé, les tours de Midtown se dressent dans le lointain. Pas mal !

Mais le must serait de s'offrir le petit frisson newyorkais : un aller-retour en tram. Quel tram ? Le **Roosevelt Island Tramway** ! Cette télécabine rouge façon sports d'hiver dont le cable s'étire de l'Upper East Side à Roosevelt Island, le long du Queensborough Bridge, à 76 mètres au-dessus des eaux de l'East River. Un superbe travelling qui se transforme en expérience unique les soirs d'orage. De Raymond Depardon à Sam Raimie, de nombreux cinéastes l'ont utilisé !

Bien sûr, pour profiter plus calmement du paysage, on préférera sans doute s'installer dans l'un des quelques établissements haut perchés aux prestations tarifées en conséquence. Le Salon de Ning, au 26e étage du **Peninsula Hotel** (700 5th Ave) : un bar de poche augmenté d'une vaste terrasse snobant la Cinquième Avenue ; Le Lobby Lounge, au 35e étage du **Mandarin Oriental** (80 Columbus Ave pour une version new-yorkaise de *Lost in translation* avec vue sur Central Park ; le Plunge, au dernier étage du **Gansevoort** [18 9th Ave], pour le coup d'œil vers l'Hudson – à préférer en début de semaine ; et le **230 5th Ave** pour son rooftop végétalisé, incroyable quoiqu'un peu trop fréquenté, mais la vue est si belle au crépuscule…

Un dernier tuyau, valable pour tous : n'oubliez pas le métro aérien qui réserve parfois de belles surprises. C'est notamment le cas du côté de Long Island City et de Brooklyn. Sur la ligne F, *Smith St/9th St* s'élève au-dessus du Gowanus Canal telles de vieilles montagnes russes. Depuis le quai, le regard glisse sur les rails et par-dessus les toits jusqu'à la skyline de Manhattan. Et tout ça pour le prix d'un ticket de métro !

NEW YORK À L'ÉCRAN

BALADE CINÉPHILE DE TRIBECA AU VILLAGE

ITINÉRAIRE

DÉPART : MÉTRO FRANKLIN ST
ARRIVÉE : MÉTRO HOUSTON ST OU LEXINGTON AVE/63RD ST
PRATIQUE : Si les multiplexes à pop-corn ont le vent en poupe, quelques salles plus intimes font de la résistance en programmant films d'auteurs et documentaires, notamment autour de Houston St et dans le Village.

New York
à l'écran
Balade cinéphile
de TriBeCa au Village

Le cinéma américain n'est pas né à Hollywood mais bien ici. Et si la Californie fournit depuis longtemps le gros des productions, New York reste sans doute la plus cinégénique des villes, filmée sous tous les angles. Elle a servi de décor à des milliers de scénarios et inspiré les auteurs fantastiques servis par le gigantisme d'une architecture rectiligne, post-moderne et désincarnée. Oscillant très souvent entre sublimation de la réussite et noirceur des bas-fonds, les réalisateurs trouvent dans cette cité paradoxale un terrain de jeu idéal, longtemps peuplé de chefs de clan, de petites frappes et de policiers véreux. On pense bien sûr à la trilogie du *Parrain*, mais aussi à *Mean Streets*, à *Taxi Driver*, à *L'Impasse* de Brian de Palma, et plus récemment à *Little Odessa* ou *The Yards*, de James Gray. Mais ce serait oublier l'immense Woody Allen, le plus new-yorkais d'entre tous, qui, de *Manhattan* à *Annie Hall*, a su considérer la ville comme un personnage à part entière. Aujourd'hui encore, des dizaines de films y sont tournés en permanence. New York produit et véhicule tellement d'images d'elle-même que l'on ressent une inévitable impression de déjà vu, y compris quand on débarque à Manhattan pour la première fois. Au fil des quartiers, la déambulation dévoile un casting imaginaire où Robert de Niro, Al Pacino, Dustin Hoffman, Diane Keaton, Rosanna Arquette, Harvey Keitel, Billy Cristal, Demi Moore, Bill Murray, et Joaquim Phoenix se croisent sur les trottoirs du Village, de Little Italy, de l'Upper East Side et de Coney Island.

On tourne ! : TriBeCa en boucle

Hook and Ladder # 8 . En sortant de la station Franklin St [ligne 1], à l'angle de Varick St et North Moore St, on tombe nez-à-nez avec cette caserne si croquignolette qu'on a du mal à la croire en service. Et pourtant si… Le public l'a découverte en 1984, sur grand écran, dans *Ghostbusters*, rebaptisé *SOS Fantômes* de ce côté de l'Atlantique. À l'époque, Dan Aykroyd, Bill Murray et leurs acolytes s'acharnaient à poursuivre une bande d'ectoplasmes dans les rues de Manhattan. Et cette fringante équipe avait cette caserne pour QG ! Enfin… les extérieurs uniquement. Les intérieurs furent shootés dans un bâtiment désaffecté de Los Angeles. Avant de rejoindre SoHo et Little Italy, on peut s'autoriser sans risque une petite digression par les rues pavées de **TriBeCa**, ex-quartier industriel colonisé d'abord par les galeries, puis par des sociétés plus ou moins liées

Pompiers
Le 11 septembre 2001, comme toutes les autres compagnies new-yorkaises, la Hook and Ladder # 8 envoya ses véhicules sur le site de Ground Zero, juste à portée de sirène. Sur la façade de la caserne, une plaque rappelle que le Lt Vincent G. Halloran y a perdu la vie.

au milieu artistique, en remontant les quais de North Moore St jusqu'à Greenwich St. Sur la gauche, à l'angle de Franklin St, s'élève le **TriBeCa Film Center**  fondé par un célèbre riverain : Robert De Niro, à qui la ville doit également le Tribeca Film Festival, lancé en 2002 pour dynamiser l'économie du quartier. Énorme succès, il programme chaque année, fin avril, des dizaines de documentaires, courts métrages et films indépendants. Ainsi que des premières internationales, des conférences, des concerts, et même un drive-in… L'édifice rutilant du 375 Greenwich St abrite des dizaines de bureaux de production, des salles de projection (parfois ouvertes au public) et un restaurant, le TriBeCa Grill – orné des toiles de Robert De Niro père –, dans lequel Bill Murray, Sean Penn, Ed Harris ou encore Christopher Walken ont placé leurs cachets. On bouclera le tour de ce bloc en s'en retournant par Franklin St, qui croise Hudson St. Cette dernière compte quelques tables de haut vol comme le chic et discret nippon Nobu (n°105), ou le sympathique et bio Bubby's (n°118), cantines des vedettes de passage. Tandis que les obsédés de la ridule se retrouvent au TriBeCa MedSpa (n°114), un institut de beauté qui organise même des "botox parties" sans doute un peu… tendues.

Ralenti : à la recherche de Little Italy

Puis on rejoint **SoHo** en empruntant

White St, non sans avoir admiré cette petite maison blanche (275 West Broadway) où l'on paie ses jeans au comptoir d'un ancien Liquor Store. Un peu plus loin, LTBN (38 White St) hisse le néon au rang d'objet d'art. Passé Broadway, on se glisse sans risques entre les murs sombres de l'étroite **Cortlandt Alley** qui servit de coupe-gorge à de nombreux films – pas forcément noirs – : *Highlander* (1986), *Crocodile Dundee* (1986), *Basquiat* (1996), *Addicted to Love* (1997), *Escrocs mais pas trop* (2000), ou encore *In the Cut* (2003). Ainsi qu'à la série *NYPD Blues.*

Ressorti sain et sauf de ce sombre passage, on tourne à droite dans Canal St, débarquant ainsi en plein Chinatown. Le quartier s'est bien

Harrison Street
À un bloc au sud-ouest du TriBeCa Film Center, Harrison St aligne six jolies maisons de brique édifiées au tournant du XIXe siècle. En 1978, abandonnées ou converties en entrepôts, elles furent mises en vente par la municipalité. Combien ? Entre 35 000 et 72 000 $ l'unité !

Cortlandt Alley

étendu depuis *L'Année du Dragon* (1985), par ailleurs entièrement recréé en studios. Mais plutôt que de s'aventurer sur les traces virtuelles du capitaine Stanley White (Mickey Rourke) engagé dans une lutte à mort contre les triades, on tournera à gauche dans Mulberry St, à la recherche de **Little Italy**... Ou plutôt de ce qu'il en reste. En vérité plus grand-chose, en dehors des fêtes de San Gennaro qui réveillent en fanfare les automnes du quartier. À l'angle de Grand St, on est tenté de pousser la porte de deux établissements diamétralement opposés. À droite, l'épicerie Alleva (n°188) aux savoureuses mozzarellas. À gauche, Onieals (n°174), où les fans de *Sex and the City* se précipiteront pour siroter un Cosmopolitan.

Umberto's Clam House
Le 7 avril 1972, le mafieux "Crazy" Joey Gallo fut assassiné juste devant l'ancienne Umberto's Clam House. La porte de l'immeuble d'en face en a longtemps gardé les impacts de balles.

Passé Grand St, on rendra hommage à l'un des piliers du quartier, le **Mulberry Street Bar ❸**, au n°176 ½. L'extérieur ne paie pas de mine, mais l'intérieur a gardé tout son cachet. Il s'appelait autrefois Mare Chiaro, et ses portes de bois ouvraient sur une salle saupoudrée de sciure et peuplée de joueurs de cartes. Sinatra était un habitué, et on dit même que Madonna y serait passée plus d'une fois. *Le Parrain III* (1990), *Frankie et Johnny* (1991), *Le Pape de Greenwich Village* (1984) ou encore *9 semaines ½* (1986) ont tous eu comme décor ce bar mythique au juke-box d'époque. De nombreux épisodes des *Sopranos* y ont également été tournés. Mais l'un des

moments de gloire de ce bistrot italo-américain fut, en 1997, la rencontre pour le moins électrique entre l'agent infiltré Joseph Pistone – alias *Donnie Brasco* (Johnny Depp) – et le mafieux Lefty Ruggiero (Al Pacino), autour d'une bague en toc.

La boussole du New York italien indique toujours le nord, et en l'occurrence, le désormais touristique **Umberto's Clam House ❹**, à l'angle de Broome St. Le nom est resté mais l'adresse a changé, et c'est au 129 Mulberry St qu'acteurs et mafieux se régalaient autrefois d'excellents fruits de mer. Non loin de là, la **St Patrick's Old Cathedral ❺** (n°264) , qui fut jusqu'en 1879 la principale église catholique de la

Marlon Brando alias Le Parrain dans Little Italy

ville, apparaît dans plusieurs scènes d'anthologie liées à cette communauté italo-américaine qui a largement contribué à faire de New York ce qu'elle est aujourd'hui. En 1973, son petit mur de briques rouges abritait les messes basses peu chrétiennes des deux héros du *Mean Streets* de Martin Scorsese : "Johnny Boy" (Robert De Niro) et Charlie (Harvey Keitel). L'année précédente, dans *Le Parrain,* Connie Corleone (Talia Shire) y baptisait son fils : cérémonie célébrée sur fond d'assassinats qui scellaient l'avènement de Michaele (Al Pacino) comme parrain après le décès de son père Vito (Marlon Brando).

Travelling latéral : Lower East Side

Changement de décor dans Houston St, où on longe sur la droite les franges encore juives du Lower East Side, soulignées par deux "monuments" : le **Landmark Sunshine Cinema** ❻ (143 East Houston St), une ancienne scène yiddish qui affiche une programmation indépendante et de qualité. Et **Katz's Delicatessen** ❼ (205 East Houston St), temple un peu surcoté de spécialités ashkénazes, théâtre en 1989 du plus

James Gray devant le Angelika Film Center sur Houston St

célèbre orgasme – certes simulé – d'Hollywood : celui d'une Sally triomphante devant un Harry médusé. On sourit encore au souvenir de leur voisine de table interpellant le serveur d'un : "Je prendrai la même chose !". C'est donc en philosophant sur l'amitié sincère entre hommes et femmes qu'on traverse finalement Houston St pour prendre East 1st St sur la gauche, puis 2nd Ave sur la droite : au n°32 se trouve l'**Anthology Film Archives** ⑧, une cinémathèque orientée underground dont l'entrée se trouve sur East 2nd St. Envie de se faire une toile ? Rien de tel qu'une séance à l'**Angelika Film Center** ⑨ (18 West Houston St), que l'on rejoint via East 1st St puis Bleecker St. C'est

en tournant à gauche dans Mercer St que l'on aborde ce cinéma réputé, où l'on a pu visionner dernièrement : *Entre les Murs, Gran Torino et Slumdog Millionaire.* Un conseil : venir l'estomac plein ; boissons, cupcakes et sandwichs sont hors de prix ! Côté SoHo, au sud de Houston donc, une adresse sur Prince St ravira les aficionadas de *Sex and the City,* décidément gâtées : la **Louise K. Meisel Gallery** ⑩ (n°141) qui employa Charlotte (Kristin Davis). Non loin de là, les cuisines de **Raoul's** ⑪ (n° 180) – par où l'on passe pour accéder à la salle de restaurant – virent un Matthew Broderick amer y faire la plonge dans *Addicted to Love* (1997) de Griffin Dune. En guerre contre son patron (Tcheky Karyo), il libère une bande de cafards le soir de la venue d'un redoutable critique gastronomique. Aperçu également dans *La Valse des Pantins* (1983) de Martin Scorsese avec De Niro et Jerry Lewis, et *Meurtre Parfait* (1998) d'Andrew Davis, avec Michael Douglas, Gwyneth Paltrow et Viggo Mortensen, le Raoul's occupe une position stratégique, à la jonction de SoHo et du Village.

Zoom sur le Village

On passe de l'un à l'autre en rejoignant MacDougal St, sur la droite. Deux blocks au nord, le **Figaro Café** ⑫ tient l'angle de Bleecker St. Dans *L'Impasse* (1994), un Brian de Palma "premier cru", cette adresse aujourd'hui fermée fut le théâtre des retrouvailles, de Carlito Brigante (Al Pacino) et de son ex. On suivra Bleecker St sur la gauche jusqu'à l'Avenue of the Americas, en s'engouffrant immédiatement à droite dans la minuscule et incurvée **Minetta St**, que l'on pourrait rebaptiser "Serpico St" car c'est ici, dans le basement du n°5-7 ⑬ que se terrait l'incorruptible Frank Serpico (Al Pacino) dans le film de Sydney Lumet, tourné en 1973. Juste à côté, le Fat Black Pussycat a cédé la place à Panchito, un restaurant

mexicain qui se targue de préparer l'une des six meilleures margaritas de Manhattan. Et à quelques pas de là, la **Minetta Tavern** (113 Mac Dougal St) reçut Brad Pitt dans *Sleepers* (1996). Quant à la devanture verte du **Caffe Reggio** ⑭ (n°119), elle figura dans de nombreux tournages : *Shaft* (1971), *Serpico* (1973), *Next Stop Greenwich Village*... Tourné en 1976, ce dernier film exprime à merveille l'ambiance bohème du "Village" des années 1950, quand se croisaient ici dealers, drogués, écrivains, joueurs d'échecs, joggeurs, étudiants, musiciens, poètes...

On longe ensuite le **Washington Square Park** ⑮, décor naturel ayant servi à de nombreux longs-métrages dont, à nouveau, *Quand Harry rencontre Sally, Addicted to Love* et *Meurtre parfait*, mais aussi *Kids* (1995) de Larry Clark, qui faillit être censuré aux États-Unis pour sa description crue de l'adolescence entre sexe, drogue et sida, ainsi que le plus tendre *Escroc mais pas trop* (2000) de Woody Allen. **Washington Square North** marque la bordure nord du parc. Cet alignement très chic de façades néogrecques, surnommé "the Row", fut pendant longtemps le plus prisé de la ville. En poursuivant sur MacDougal St, on passe devant la vitrine du truculent

Washington Square Park Réalisé en 1826 à l'emplacement d'un ancien cimetière, Washington Square Park figure le cœur du Village, et de la bohème new-yorkaise. En 1916, un groupe d'artistes se hissa au sommet de l'arc de triomphe pour y proclamer l'état de "New-Bohemia".

Monk Vintage Store (n°175), remplie de robes, costumes, chapeaux, boas, perruques et accessoires délirants… Sur le trottoir d'en face s'ouvre **MacDougal Alley**, une impasse privée "bohème chic" très tentante… mais inutile d'espérer ! Alors on tourne à droite dans West 8th St, puis à gauche dans 5th Ave. Eh oui, la Cinquième Avenue commence ici ! Avant de poursuivre sa route jusqu'à Central Park – et bien au-delà. Deux blocks plus haut, sur la droite, East 10th St mène à University Place, dont l'angle est dominé par un édifice monumental agrémenté de fantaisies vénitiennes. C'est l'immeuble **The Beaucaire** 16 (26 E 10th St), qui n'a de français que le nom. Au début des années 1990, il fut surnommé le "Richard Gere Building", en référence à son illustre locataire, mais aurait tout aussi bien pu se voir affublé d'autres appellations, comme le "Susan Sarandon Building" ou encore le "Tim Robbins Building". Sur ces considérations, on reprend donc University Place vers le nord, pour tourner dans East 12th St et jeter un œil – ou deux – au **Cinema Village** 17, dont l'épaisse marquise surgit du n°24. Ouvertes sans interruption depuis 45 ans, dans une ancienne caserne de pompiers, ces trois salles projettent un cocktail de films asiatiques, de documentaires et de productions indépendantes…

NEW YORK A SON HOLLYWOOD

Dans les années 1920, bien avant que les producteurs lui préfèrent le soleil d'Hollywood, Astoria était la capitale américaine de l'industrie cinématographique. Des stars comme Rudolph Valentino et les Marx Brothers tournèrent dans les studios de la Paramount, sur 36th Ave. Longtemps désœuvrés, ces plateaux de tournage rebaptisés Kaufman Astoria Studios (34-12 36th St) ont récemment repris du service. Juste à côté, le Museum of the Moving Image (ex-siège de la Paramount, 35th Ave et 36th St) ravira petits et grands avec ses animations interactives, ses projections de films rares et des milliers d'accessoires dont la mâchoire artificielle de Marlon Brando dans *Le Parrain,* la crête de Robert De Niro dans *Taxi Driver,* la tête de Chewbacca ou encore le pull de Bill Cosby, héros du *Cosby Show.* À Long Island City, les immenses Silvercup Studios (42-22 22nd St), fermés au public, ont accueilli de nombreuses productions dont *Sex and the City* et les *Sopranos.* Quant au Queens International Film Festival, il invite des réalisateurs du monde entier pour un brassage culturel sur grand écran, chaque année, en novembre.

En quelques enjambées, on retrouve 5th Ave. Un block au sud, juste avant la très british Church of the Ascension, les fans de Dustin Hoffman pourront soupirer sous les fenêtres du **16 West 11th St** . Fort de son succès dans Le *Lauréat* (1967) et *Macadam cow-boy* (1969), après des années de vaches maigres, l'acteur s'était installé ici… jusqu'à ce que les Weathermen, un groupe d'activistes radicaux, fasse exploser par inadvertance le sous-sol voisin, au début des années 1970 ! Monsieur Hoffman a émigré depuis vers les rues moins détonnantes de l'Upper West Side.

Action ! : West Village

On ressort sur Avenue of the Americas que l'on emprunte sur la gauche le temps d'un block, avant de repiquer à gauche dans West 10th St, dans laquelle se niche **Patchin Place.** C'est dans ce petit cul-de-sac tranquille que John Reed, journaliste fasciné par la révolution bolchevique, écrivit *Dix jours qui ébranlèrent le monde*. Le film *Reds* (1981), de – et avec – Warren Beatty, s'inspire totalement de ce militant socialiste, mort à Moscou en 1920. C'est également à Patchin Place que s'installa Marlon Brando, né au fin fond du Nebraska, lorsqu'il débarqua à New York, non loin du **Village Vanguard** (178 7th Ave South), un jazz-club vibrant depuis 1935, année de naissance de Woody Allen, qui le transforma en piano-bar en 2003 pour les besoins de *La Vie et tout le reste*.

Christopher St démarre à deux pas. Haut-lieu du New York gay, cette artère animée, parsemée de bars et de sex-shops, mène au cœur du Village "historique", qui évoque un New York d'antan, ripoliné par tel ou tel réalisateur pour les besoins de son film. On y croise souvent des équipes de tournage en action. Dans les années 1990, quatre colocataires dans le vent partagèrent un appartement au **90 Bedford St** : Monica, Rachel, Joey et Chandler ; les inséparables *Friends* de la série éponyme. Juste à côté, au n°86, le très discret **Chumley's** a survécu à la Prohibition et gardé de cette époque les marches d'escaliers, juste derrière la porte d'entrée, censés ralentir

Gay New York
Le 27 juin 1969, jour de l'enterrement de l'icône gay Judy Garland, la police fit une descente musclée au Stonewall Inn, un bar situé au 53 Christopher St. S'en suivirent 4 jours de révolte urbaine pour la reconnaissance des droits des homosexuels. Un an plus tard, la première Gay Pride fut organisée pour célébrer ces événements.

NEW YORK DANS UN FAUTEUIL : 40 FILMS AUTOUR DE BIG APPLE

L'Émigrant (The Immigrant, Charlie Chaplin, 1917)

King Kong (Merian Cooper et Ernest Schoedsack, 1933)

La Cité sans voiles (The Naked City, Jules Dassin, 1948)

Le Petit fugitif (Little Fugitive, Morris Engel, 1953)

Sur les quais (On the Waterfront, Elia Kazan, 1954), avec Marlon Brando

Sept ans de reflexion (The Seven Year Itch, Billy Wilder, 1955) avec Marilyn Monroe

Shadows (John Cassavetes, 1959)

West Side Story (Jerome Robbins et Robert Wise, 1961) avec Natalie Wood et George Chakiris

Diamants sur canapé (Breakfast at Tiffany's, Blake Edwards, 1961) avec Audrey Hepburn

America, America (Elia Kazan, 1963)

Macadam cow-boy (Midnight Cowboy, John Schlesinger, 1969) avec Dustin Hoffman et John Voight

Shaft, les nuits rouges de Harlem (Shaft, Gordon Parks, 1971)

French connection (William Friedkin, 1971) avec Gene Hackman et Roy Scheider

La trilogie du Parrain (The Godfather, Francis F. Coppola, 1972 – 1974 – 1990)

Mean Streets (Martin Scorsese, 1973) avec Harvey Keitel et Robert De Niro

Serpico (Sidney Lumet, 1973) avec Al Pacino

Taxi Driver (Martin Scorsese, 1976) avec Robert De Niro et Jodie Foster

Annie Hall (Woody Allen, 1977) avec Woody Allen, Diane Keaton et Christopher Walken

La Fièvre du Samedi Soir (Saturday Night Fever, John Badham, 1978) avec John Travolta

Manhattan (Woody Allen, 1979) avec Woody Allen, Diane Keaton et Meryl Streep

New York 1997 (Escape from New York, John Carpenter, 1981)

S.O.S. Fantômes (Ghostbusters, Ivan Reitman, 1984) avec Dan Aykroyd et Bill Murray

Il était une fois en Amérique (Once Upon a Time in America, Sergio Leone, 1984) avec Robert De Niro et James Woods

Recherche Susan désespérément (Desperately Seeking Susan, Susan Seidelman, 1985) avec Rosanna Arquette et Madonna

Quand Harry rencontre Sally (When Harry Met Sally, Rob Reiner, 1989) avec Billy Cristal et Meg Ryan

Ghost (Jerry Zucker, 1990) avec Whoopi Goldberg, Demi Moore et Patrick Swayze

L'Impasse (Carlito's way, Brian De Palma, 1993) avec Al Pacino et Sean Penn

Little Odessa (James Gray, 1994) avec Tim Roth et Edward Furlong

Une Journée en enfer (Die Hard 3, John McTiernan, 1995) avec Bruce Willis et Samuel L. Jackson

Smoke et **Brooklyn Boogie** (Blue in the Face, Wayne Wang et Paul Auster, 1995) avec Harvey Keitel

Men in Black (Barry Sonnenfeld, 1997) avec Will Smith et Tommy Lee Jones

Godzilla (Roland Emmerich, 1998) avec Matthew Broderick et Jean Reno

The Yards (James Gray, 2000) avec Mark Wahlberg et Joaquin Phoenix

Spider-Man (Sam Raimi, 2002) avec Tobey Maguire et Kirsten Dunst

Gangs of New York (Martin Scorsese, 2002) avec Leonardo DiCaprio et Daniel Day-Lewis

Le Jour d'après (The Day After Tomorrow, Roland Emmerich, 2004) avec Dennis Quaid et Jake Gyllenhaal

King Kong (Peter Jackson, 2005) avec Naomi Watts et Adrien Brody

World Trade Center (Oliver Stone, 2006), avec Nicolas Cage

Sex and the City (Michael Patrick King, 2008) avec Sarah Jessica Parker

la progression des agents lors des descentes de police. Depuis, ce bar a accueilli la crème de la littérature : Hemingway, Dylan Thomas, Allen Ginsberg, Scott Fitzgerald, Steinbeck, Faulkner, Kerouac et même Simone de Beauvoir... Et fourni un décor unique à de nombreux films comme *Reds*, mais également *Accords et Désaccords* (2000) de Woody Allen, ou *Pollock* (2003), réalisé et interprété par Ed Harris. On peut désormais y dîner, en s'imaginant parmi toutes ces pointures qui en ont franchi le seuil.

Dissimulée dans Grove St, l'entrée de **Grove Court** dévoile d'anciennes écuries, construites en 1854 et reconverties rapidement en logements ouvriers... aujourd'hui inaccessibles ! C'est à un jet de pierre, au **Cherry Lane Theater** ㉑

(38 Commerce St) que furent jouées les premières pièces d'Edward Albee et Harold Pinter. Ainsi que la Première américaine d'*En Attendant Godot* de Samuel Beckett. En 1954, James Dean arpenta ses planches dans une pièce de Sophocle. Fondé par la poétesse Edna Saint-Vincent Millay en 1924, ce petit théâtre a lui aussi souvent servi de décor : *Reds* encore, *Une Autre femme* (1988) de Woody Allen, et plus curieusement *Les Uns et les Autres* (1981) de Claude Lelouch. C'est encore dans cette petite salle que Denzel Washington joua de la trompette pour Spike Lee et son *Mo'better Blues*. Les fans des eighties noteront que Tina Turner y situa le clip de son hit planétaire *What's love got to do with it?* À deux pas, au n°50, le **Grange Hall** fit quelques apparitions dans *Les Frères*

Spike Lee
Né à Atlanta, Spike Lee arriva très jeune à Brooklyn, son borough de prédilection, choisi comme décor à nombre de ses films : *Do The Right Thing*, *Nola Darling* n'en fait qu'à sa tête... *Mo'better Blues* est l'un de ses rares films tournés à Manhattan.

McMullen (1995) d'Edward Burns, ainsi que dans *La Vie et tout le reste* (2003) de Woody Allen. Il servit même le dernier épisode de *Sex and the City*, après quoi il ferma quelques temps, et rouvrit sous son ancien nom de Blue Mill Tavern.

On tournera le dos à ces productions éclectiques pour reprendre Bedford St sur la droite. Juste à l'angle, au n°77, se tient la plus ancienne maison du Village encore debout : la **Isaac Hendricks House** ㉒, bâtie en 1799. Sa voisine, au n°75 ½ présente l'insigne particularité d'offrir à la rue la façade la plus étroite de

UPPER EAST SIDE : AU PAYS DE WOODY ALLEN

Les traces d'Allen Stewart Königsberg, petit juif new-yorkais névrosé et réalisateur génial, conduisent immanquablement uptown, dans cet Upper East Side cossu où il a confié avoir rêvé de vivre dès sa première visite, enfant, avec son père : vaste duplex (930 5th Ave) où il vécut de 1969 aux années 1990, cantine italo-chic Elaine's (1703 2ndAve), délicat Carl Schurz Park (entre l'East End Ave et l'East River) filmé dans *Tout le monde dit I love you*, grand magasin Bloomingdale's (1000 3rd Ave) shooté dans *Manhattan,* bar du Carlyle Hotel (35 East 76th St) où il rejoint tous les lundis, clarinette sous le bras, son groupe de jazz… Et naturellement Central Park.

Manhattan : 2,90 mètres de large! Cette jolie bicoque fut néanmoins le *sweet home* de John Barrymore, tête d'affiche de l'entre-deux-guerres et grand-père de Drew. D'autres vedettes ont occupé – mais juste le temps d'un film – le **66 Morton St** ㉓, un block plus bas, sur la droite : Harrison Ford dans *Working Girl* (1989), Winona Ryder dans *Un Automne à New York* (2000). Cet immeuble fut en outre le siège d'une improbable colocation entre Matthew Broderick, Tim Guinee et Michelle Hurst dans *Chassé-Croisé* (1994) de Warren Leight.

Hudson Park : coupez !

En prenant à gauche, puis encore à gauche, on tombe sur la perle architecturale du Village, **St Luke's Place**,

Martin Scorsese dans Houston St, sur le tournage de *Raging Bull*

Coney Island
De Morris Engel
(*Le Petit Fugitif*,
1953) à Darren
Aronofsky
(*Requiem for a
Dream*, 2000),
en passant
par Woody
Allen (*Annie
Hall*, 1977) et
James Gray
(*Little Odessa*,
1994), un grand
nombre de
réalisateurs
ont planté leurs
caméras entre
la désuétude
balnéaire de
Coney Island et
le quartier russe
de Brighton
Beach.

un tronçon de Leroy St aux élégantissimes brownstones italianisants à frontons moulurés. C'est au n°4 que tremblait Audrey Hepburn, aveugle et terrifiée, dans le thriller de Terence Young *Seule dans la nuit* (1967). Précisons qu'au n°10, les téléphages les plus atteints reconnaîtront la maison de la famille Huxtable, vedette du très afro-américain Cosby Show, pourtant censée vivre à Brooklyn ! Sur le trottoir d'en face s'étend le petit **Hudson Park** avec ses aires de jeu, et surtout… une piscine en plein-air. Un parc où le boxeur Jake LaMotta (Robert De Niro), héros de *Raging Bull* (1980), tombe sous le charme d'une adolescente de 15 ans qui deviendra sa compagne, et envers laquelle il sera d'une jalousie maladive et violente. Par 7th Ave South, on pourra redescendre vers le métro Houston St [ligne 1], proche du **Film Forum** ㉔ (209 West Houston St), temple du cinéma d'art et d'essai. Mais c'est la ligne F à West 4th St, en continuant tout droit dans Leroy St, qui permettra aux cinéphiles de poursuivre leur voyage. Elle mène, vers le nord, à *Lexington Ave/63rd St*, porte de l'Upper East Side si cher à Woody Allen, et vers le sud, à Dumbo et Coney Island, deux spots éminemment cinégéniques filmés sous tous les angles.

Des bulles dans le bitume

La bande dessinée n'est pas née à New York mais en Suisse. Quoi que… Si le Gènevois Rodolphe Töpffer est généralement considéré comme le pionnier du genre, beaucoup jugent que c'est dans les colonnes du *New York World,* un jour de 1896, que la BD "moderne" a vu le jour. Découpée en vignettes, la série *Hogan's Alley* de Richard Felton Outcault, fut bientôt rebaptisée *Yellow Kid,* d'après son personnage central – le premier à parler "dans" un phylactère.

Si graphique dans ses lignes et ses couleurs, New York ne pouvait qu'inspirer. Ses allures de babel verticale et trépidante en firent le décor parfait des aventures de super-héros. Ceux-ci déboulent dans les années 1930, alors que l'Amérique en crise cherche de quoi rêver : Phantom, Prince Valiant, puis Superman, Batman, Green Lantern et Wonder Woman. Tous se défient sur fond de buildings et de bitume. New York est Gotham City et réciproquement.

Pour les dessinateurs américains, la ville est une aubaine. L'un des plus célèbres d'entre eux, Will Eisner, est d'ailleurs né à Brooklyn. Son *Big City* est un portrait en cinq volumes où l'on sent vibrer la ville, ses immeubles et ses habitants. De son côté, Art Spiegelman – auteur de *Maus,* unique BD distinguée par le prix Pulitzer – a dessiné des dizaines de couvertures pour le *New Yorker,* rassemblées dans le recueil *Bons baisers de New York.* Et que dire de cette cité kaléidoscopique, scrutée avec tellement de précision et d'élégance par Miles Hyman dans la version illustrée du *Manhattan Transfer* de Dos Passos ?

Les Européens, et donc les Français, ont expérimenté eux aussi, bien évidemment, cette fascination pour la ville-monde, théâtre de scénarios souvent écrits à l'encre noire. On pense au *New York Mi Amor* de Tardi, à *New York, New York !,* recueil d'histoires courtes signées Charyn, Gillon, Juillard, Sienkiewicz et Tronchet. Dans un registre futuriste, on se souvient d'une cité aux rues inondées sillonnées par le *Valérian* d'un Jean-Claude Mézières fasciné par les States et grand inspirateur du *Cinquième Élément* de Luc Besson. Et plus près de nous, bien sûr *No Sex in New York* de l'excellent Riad Sattouf.

De part et d'autre de l'Atlantique, la Grosse Pomme fait toujours recette et les fans se bousculent par dizaines de milliers au **Comics Con**. Depuis 2006, ce jeune salon convoque – généralement en février – lecteurs et fans en quête de perle rare au Jacob Javits Convention Center. On y a vu un numéro d'*Amazing Fantasy* – celui dans lequel Spiderman apparaît pour la première fois – affiché à 78 000 dollars ! Mais les aficionados pourront également se régaler en visitant quelques spots bien faits : le **Museum of Comic and Cartoon Art** (594 Broadway), le vaste magasin **Forbidden Planet** (840 Broadway) ainsi que les bicéphales **St Marks Comics** (11 St Mark's Place et 148 Montague St à Brooklyn) et **Midtown Comics** (200 W 40th St et 459 Lexington Ave). Enfin, pour les passionnés d'illustration : la **Society of Illustrators** (128 East 63rd St) propose plein de choses magnifiques à voir, entendre et même acheter. Et pour conclure en épicurien, rendez-vous au Bemelman's Bar du **Carlyle Hotel** (35 East 76th St). Ce havre chic est entièrement décoré par Ludwig Bemelmans, le créateur de Madeline, héroïne connue de tous les petits Américains.

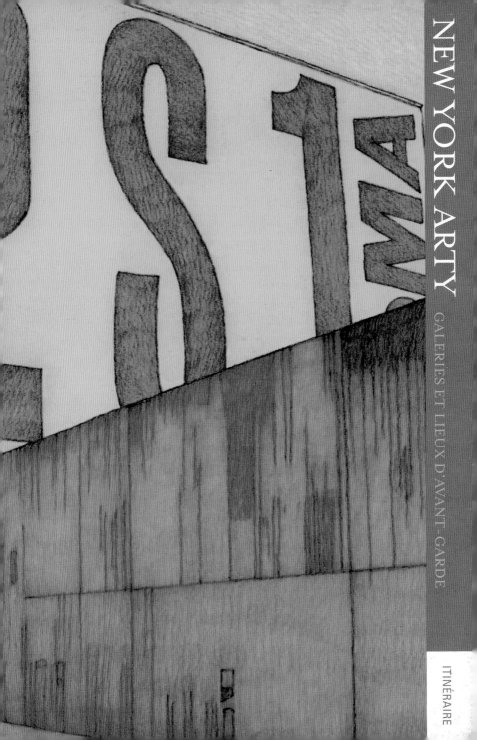

DÉPART : MÉTRO 8TH AVE - 14TH ST
ARRIVÉE : SOCRATES SCULPTURE PARK, LONG ISLAND CITY
PRATIQUE : Un itinéraire "bicéphale" qu'il est intéressant d'effectuer en deux jours si l'on veut prendre le temps de découvrir l'ensemble des lieux culturels cités.

New York Arty
Galeries et lieux
d'avant-garde

Épicentre mondial de la culture, New York bouillonne en permanence. On s'y bouscule toute l'année pour assister aux milliers d'ouvertures, de vernissages, de performances, de happenings… Depuis SoHo, investi par les artistes voilà quarante ans, la culture a essaimé partout, et tout d'abord à Chelsea. Cet ancien quartier industriel du West Side, à l'ouest de 10th Ave, abrite aujourd'hui la plus grande concentration de galeries d'art de la ville, présentant sur leurs cimaises autant de stars que de jeunes talents. Le nouveau dada de Chelsea, c'est désormais la Highline, une ancienne voie ferrée aérienne réhabilitée en coulée verte, qui traverse ce quartier arty à 9 mètres du sol. Un premier tronçon vient d'être inauguré, et l'on pourra bientôt survoler toute cette constellation culturelle sur cette passerelle des arts. De l'autre côté de l'East River, alors que les cimaises de Williamsburg se montrent un peu plus rebelles que celles de Dumbo, c'est surtout du côté de Long Island City que les aficionados comme les béotiens trouveront leur bonheur. À l'ouest du Queens, ce quartier ultratendance – a priori peu engageant avec ses allures de banlieue grise et chaotique –s'avère bourré de lieux incroyables et plutôt à l'avant-garde. Entrepôts couverts de graffitis ou recellant dans leurs sous-sol d'improbables installations, parcs aux pelouses piquées de sculptures monumentales, et surtout la perle devenue incontournable : le PS1, une extension du MoMA qui a magnifiquement investi une ancienne école primaire.

Le Meatpacking sous les projecteurs

Une dizaine de blocks et autant de rues, coincés entre TriBeCa et Chelsea et abouchés à l'Hudson. Et pourtant. Voilà maintenant plusieurs années que le **Meatpacking District** scintille sur la carte des mondanités new-yorkaises, de jour comme de nuit. Le luxe a définitivement chassé les équarisseurs, bouchers et même prostituées du quartier de la viande. Les inaugurations et les vernissages ont remplacé les faits divers sordides dans la chronique locale. Et une faune très SATC – comprenez *Sex and The City* – se presse autour des tables les plus en vogue comme le Spice Market (403 W 13rd St), des bars d'hôtel comme ceux du Gansevoort (18 9th St) et du Maritime (363 W 16th St), et des magasins so chic : Shoegasm (71 8th St), Alexander McQueen (417 W 14th St) ou Stella McCartney (429 W 14th St). Dès la sortie du métro [lignes A, C, E] 8th Ave, on longera par le nord ce gotham de la mode et du design jusqu'à 9th Ave.

Chez Florent
Le restaurateur français Florent Morellet, figure locale et pionnier de Meatpacking, a dû baisser le rideau en 2008. Les loyers délirants ont eu raison de son établissement pourtant réputé et toujours bondé. Voilà 13 ans qu'il déboursait 6 000 $ chaque mois… dix fois moins que le nouveau tarif exigé !

Restaurant "Florent" dans le Meatpacking District

Au n° 29, entre showroom et musée, le spécialiste helvétique du mobilier **Vitra** ❶ a rassemblé sur trois niveaux des incontournables du XXᵉ siècle. On y admire quelques créations "canonisées" comme des contreplaqués signés Eames, des plastiques colorés de Verner Panton, des meubles en carton de Frank Gehry, ou encore quelques merveilles de Noguchi… Non loin de là, dans une mise en scène moins élitiste, l'enseigne **DWR** ❷ (408 W 14th St) propose, elle aussi, une belle sélection d'objets plus ou moins cultes – il y a du Mies Van der Rohe et du Jasper Morrison – à la portée des bourses du quartier.

Go ahead Chelsea

Aux confins de Chelsea, W 15th St est marquée par deux galeries singulières : le **Wooster Project** ❹ (n°418), assez discret et plutôt orienté Pop art, qui alterne idoles béatifiées (Warhol, Basquiat, Liechtenstein, Hockney) et artistes plus confidentiels et **Milk** ❸ (n°450), dont l'espace immaculé accueille expos et performances. Immédiatement à droite sur 10th Ave, on entre par l'arrière dans le boyau mercantile du **Chelsea Market** ❺, un passage couvert regorgeant de bonnes choses. On en ressort 250 mètres plus loin, sur 9th Ave, presqu'en face de l'hôtel **Maritime** ❻, sa façade percée de hublots et son lobby aux accents fifties. Plus au nord, la "Neuvième"

traverse le cœur historique de Chelsea qui compte quelques blocks de brownstones élégants et bien alignés. Chelsea fut avant guerre un *theater district* bouillonnant. Et si la plupart des scènes populaires ont bougé vers Times Square, quelques salles de West 19th St aimantent encore une audience friande de spectacles non-conventionnels. C'est le cas du **Joyce Theater** ❼ (à l'angle de 8th Ave), ancien cinéma parfaitement rénové qui accueille des compagnies de danse contemporaine de haut niveau, de l'expérimental **Dance Theater Workshop** ❽ (n°219), et du minuscule et avant-gardiste **Kitchen** ❾ (n°512).

Zigzags arty dans Chelsea

C'est également dans ces parages que l'on croise la **Highline**. Aérien, ce rail désaffecté qui coupe Chelsea parallèlement à 10th Ave se fait "promenade plantée" où il est

Chelsea Market
Les vitrines du Chelsea Market regorgent de denrées appétissantes et roboratives : fruits de mer, poissons, pâtisseries… Mais ce boyau commercial niché dans une ancienne usine de biscuits abrite aussi kiosque à journaux, cafés, bar à vin et le Buddakan, l'une des tables les plus "bling-bling" de la ville.

UNE PROMENADE PLANTÉE EN L'AIR

La Highline revient de loin ! Car de nombreuses voix – dont celle de l'ancien maire Rudy Giuliani – se sont élevées pour réclamer la destruction de cette voie ferrée aérienne abandonnée à l'ouest de Manhattan, rouillée et envahie de mauvaises herbes. En 1999, l'association Friends of the Highline décide de lancer une opération de sauvetage. Après des mois de lutte acharnée, ils mettent le nouveau maire Michael Bloomberg de leur côté. Un recours en justice permet d'invalider le projet de démolition, sous prétexte qu'aucune consultation publique n'a été effectuée. Et le chantier de réhabilitation démarre en 2006. Il dévoilera d'ici quelques mois un long ruban de verdure survolant West Chelsea et le Meatpacking District, de 34th St à Gansevoort St. Sur plus de deux kilomètres, ce serpentin haut perché, encastré dans le paysage urbain, ménagera de superbes vues sur la ville et l'Hudson, et vivifiera les quartiers postindustriels les plus branchés de Manhattan, truffés de galeries, de lofts et de boutiques chics. Un premier tronçon est déjà achevé. On attend la suite avec impatience.

déjà très agréable de déambuler, à quelques mètres d'un plancher des vaches truffé de galeries. Car Chelsea est l'un des épicentres artistiques de Manhattan – en tous cas sa partie occidentale, celle qui s'étend de 10th Ave aux rives de l'Hudson, un no man's land postindustriel encore perclu de garages, de parkings et d'entrepôts qui connut une résurrection au début des années 1990. Fuyant SoHo et ses loyers exorbitants, des dizaines de galeristes se ruèrent à l'époque sur ce quartier brut offrant de beaux

espaces. Ambiance acier, fonte et béton, donc, pour ces quelque 200 galeries généralement ouvertes du mardi au samedi, de 10h à 18h. Désertique le matin et encore très calme l'après-midi, ce Chelsea-là s'électrise avec les vernissages des jeudis et vendredis soir.
On pourra s'offrir une visite guidée en contactant le **New York Galleries Tour** (526 W 26th St). Mais on peut tout autant musarder à sa guise : à la verticale dans l'immeuble du **Arts Building** ⑩ (529 W 20th St), comme dans les étages du 511 W 25th où se tient notamment l'**Alan Klotz Gallery** ⑪, aux choix

photographiques épatants. Et bien sûr à l'horizontale, en chenillant d'un bloc à l'autre, entre 21st St et 27th St. On jettera un œil chez **Yvon Lambert** 12 (550 W 21st St) dont les installations polymorphes voyagent d'un bord à l'autre de l'Atlantique… Et une oreille à l'**Eyebeam Art and Technology Center** 13 (n°540) pour déguster d'étranges expériences sonores et multimédia. À l'angle de 11th Ave et de 22nd St, la façade superbement restaurée du **Chelsea Art Museum** 14 abrite la Fondation Jean Miotte. Les toiles du peintre français, chantre de l'abstraction lyrique, sont ici présentées aux côtés de celles d'artistes contemporains rares comme Pol Bury et Mimmo Rotella. Tables rondes et performances figurent également au programme de ce musée qui s'inscrit dans une démarche de réflexion autour du rapport entre l'œuvre, le contexte, l'artiste et le public.

Quelques perles s'égrènent sur la 22e rue. La **PaceWildenstein** 15 (n°545) qui expose ses célébrités (Calder, Rothko ou Diane Arbus) uptown sur la 57e, possède ici une

Devant la Marlborough Gallery, dans le quartier de Chelsea

East 57th St
Les amateurs
de belles
choses se
téléporteront
vers les galeries
réputées
d'E 57th St,
aux portes de
l'Upper East
Side. Deux
incontournables :
Pace
Wildenstein au
n°32, pour l'art
contemporain ;
et côté photo :
Howard
Greenberg
au n°41, au
14e étage du
superbe Fuller
Building.

annexe où l'on a pu se régaler récemment des portraits noir et blanc signés Richard Avedon. La mode a d'ailleurs droit de cité dans le secteur puisque juste en face, au n°542, **Balenciaga** ⑯ a élu domicile dans un beau bâtiment de briques blanches. Tandis que juste à côté, au n°520, un tunnel en aluminium percé dans un mur défraîchi mène dans un cocon à l'ondulente blancheur. Il s'agit du magasin **Comme des Garçons** ⑰, qualifié de pionnier pour s'être installé ici voilà près de vingt ans. Avant cette pincée de shopping chic, on sera passé chez **Matthew Marks** ⑱ (n°523), une institution capable de présenter des œuvres minimalistes et monumentales comme celles d'Ellsworth Kelly ou d'Andreas Gursky. Pour reprendre son souffle et ses esprit après ce petit marathon culturel, on s'autorisera une pause roborative à l'étincelant **Empire Diner** ⑲ (210 10th Ave), tout en chromes Art déco, ou chez **The Half King** ⑳ (505 W 23rd St), pour sa cuisine de bistrot et

son agréable jardin avant de rejoindre 24th St pour trois adresses qui valent à elles seules le détour : tout d'abord **Metro Pictures** ㉑ (n°519) et **Mary Boone** ㉒ (n°541), familières du "monumental", et dont les noms sont désormais associés à Cindy Sherman, Julian Schnabel ou encore David Salle. Et *last but not least* : la galerie **Gagosian** ㉓ (n°555), l'une des toutes premières à avoir plébiscité Chelsea, et peut-être encore la plus influente, chez qui on a pu admirer, entre autres créations modernes et contemporaines, celles de Richard Serra et de Richard Prince.

Cap sur les derniers entrepôts !

Mais c'est dans la 27e, à l'ombre du fabuleux **Starrett-Lehigh Building** ㉔, que se dessine la nouvelle frontière du quartier. L'ancien **Central Stores Terminal Warehouse** ㉕, un alignement de 25 entrepôts édifiés au tournant du XXe siècle, abrita un temps "le" club new-yorkais des années 1980-1990 : The Tunnel. Le block a légué ses façades zébrées d'escaliers de secours, ses rez-de-chaussée un brin décatis et ses *basements* à une poignée de galeries aux belles hauteurs sous plafond : **Derek Eller, Oliver Kamm/5BE, Foxy Production**… Ateliers, showrooms et magasins se serrent en tâches colorées sur le trottoir nord de cette rue pavée. Un peu plus loin les cimaises de la galerie

PEUPLÉ DE CHEVEUX LONGS...

Le chanteur punk Sid Vicious y assassina sa compagne en octobre 1978 ; le poète Dylan Thomas y tomba dans le coma après avoir ingurgité 18 whiskies de rang ; l'écrivain Arthur C. Clarke y écrivit 2001 : l'*Odyssée de l'espace* et William Burroughs *Le Festin nu* ; Andy Warhol et Nico y tournèrent *Chelsea Girl* ; Joni Mitchell, Leonard Cohen et John Bon Jovi lui dédièrent les chansons *Chelsea Morning, Chelsea Hotel # 2* et *Midnight in Chelsea* ; et la liste hallucinante... et hallucinée de ses locataires du Chelsea Hotel (222 W 23rd St, entre 7th Ave et 8th Ave) témoigne d'une époque mêlant – pas toujours joyeusement – arts, drogues et contreculture : Janis Joplin, Bob Dylan, Milos Forman, Jane Fonda, Jimi Hendrix, Vladimir Nabokov, Marylin Monroe, Arthur Miller, Jackson Pollock, Jim Morrison, Patti Smith, et les photographes Martine Barrat ou Henri Cartier-Bresson... Sa façade néogothique de briques rouges avec balcons et cheminées attira la bohème, et une atmosphère nonchalante et marginale se répandit dans les chambres et les couloirs pendant un demi-siècle. Des dizaines de plaques commémoratives ornent le hall de cette grande bâtisse de dix étages inaugurée en 1884 et qui fut un temps le plus haut bâtiment de New York. Las ! L'établissement mythique, aujourd'hui non-fumeur, retient son souffle. Propriétaire légendaire et témoin de ces riches heures où les notes étaient souvent réglées en œuvres d'art, Stanley Bard vient en effet d'être poussé dehors par le comité de direction.

Starrett-Lehigh
Inauguré en 1932, le Starrett-Lehigh Building occupe un block à lui seul. Ce colosse de brique aux angles arrondis compte 18 étages, de vastes plateaux, des kilomètres d'ouvertures et trois monte-charge pouvant hisser des camions entiers. Désormais restructuré, il accueille les bureaux d'Hugo Boss, de Martha Stewart... et de nombreuses fêtes privées.

Paul Kasmin ㉖ (511 W 27th St et 293 10th Ave) se distinguent par les œuvres raffinées qui y sont suspendues, qu'il s'agisse de dessins, de peintures ou de photos, dont une série de polaroïds d'Andy Warhol. Entre-temps, on aura croisé un concessionnaire de voitures de luxe et un concept-store aux vêtements et accessoires hors de prix. Chelsea ne connaîtrait-elle pas la crise ? On rejoindra 8th Ave en empruntant 26th St. En chemin, insolite au milieu des tours qui ont poussé ici : une petite église de brique au look vaguement batave, dont la croix lumineuse rappelle aux mécréants que "Jesus is the light of the World". Sur le trottoir d'en face, les planches de l'**Upright Citizen's Brigade Theater** ㉗ (307 W 26th St) accueille les meilleures impro de la ville. On prendra 8th Ave sur la droite pour retrouver le métro à la station 23rd St dont la bouche s'ouvre à quelques pas du légendaire **Chelsea Hotel** ㉘ (222 W 23rd St). Les plus gothiques traverseront la rue pour aller vénérer les poignées de portes en forme de crâne du **David Barton Gym** ㉙

Graffitis à 5 Pointz, à Long Island City

(n°215), une ancienne auberge de jeunesse YMCA reconvertie en club de sports.

Virée culturelle dans le Queen's

Arrivé là, on peut choisir de mettre les pouces, ou pour les plus passionnés, de poursuivre le parcours de l'autre côté de l'East River. Il suffit d'emprunter la ligne E, vers le Queens, pour une autre 23rd St, située cette fois à **Long Island City**. La rame émerge au cœur d'un méli-mélo suburbain et assez gris de *warehouses*, de parkings, de ponts

et d'échangeurs en spirales. Le tout dominé par la façade bleutée du One Court Square – aussi appelé **Citicorp Building** (1 Court Sq) – qui culmine à 201 mètres.

De la sortie du métro *23rd St-Ely Ave*, on suivra 44th Drive vers l'est jusqu'au Jackson Ave, que l'on prendra à gauche sur quelques dizaines de mètres, avant de tourner à droite dans la petite Purves Street. C'est au n°4419 que se tient depuis 2002 le **Sculpture Center** ③⓪, un vaste entrepôt accueillant des installations temporaires – parfois minimalistes – qui se succèdent à

pont de fer du métro aérien. Ce sera alors le moment de tourner à gauche, vers l'ambiance hip-hop d'un autre lieu hors du commun baptisé **5 Pointz** ㉛, en référence aux cinq boroughs de la Grosse Pomme. Les murs de ce block d'entrepôts abritent désormais des ateliers d'artistes. Ils ont été investis par des dizaines de graffeurs talentueux. Résultat : une série de fresques entremêlées, superposées, du pur street art aux couleurs survitaminées : trompe-l'œil, monstres, sirènes et autres personnages fantasmagoriques, scènes de rues revisitées avec humour et second degré… En empruntant l'escalier, on parvient sur le toit du bâtiment principal d'où la vue est splendide. Attention, malgré les apparences, cette friche artistique n'est pas complètement anarchique. Et avant de sortir ses bombes de peinture, il faut – dit-on – contacter un certain Meres, qui règne sur ce microcosme depuis 2002.

un rythme soutenu. Géré par une institution à but non lucratif, cet espace cherche depuis 1928 à promouvoir une sculpture expérimentale et novatrice. On ne manquera pas de descendre dans les tortueux et claustrophobiques sous-sols, cadre insolite de certaines mises en scène. L'espace extérieur se prête également à la chose artistique, lorsque, par exemple, son cailloutis se métamorphose en tapis fluorescent.

Univers graff' à Long Island City

Après cette courte visite, on reprendra Jackson Ave sur la gauche, jusqu'au

LIC à la pointe de l'art contemporain

À deux pas de là, de l'autre coté de l'avenue, à l'angle de 46th St et derrière de hauts murs, se dresse le **P.S.1 Contemporary Art Center** ㉜ (22-25 Jackson Ave). Ouvert en 1971 dans une ancienne école publique, ce lieu d'exposition exceptionnel affilié au MoMA fut le phare de la (re)naissance culturelle du Queens. L'atmosphère scolaire est

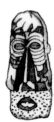

Deux musées
L'énorme
balafre
ferroviaire
qui entaille
Long Island
City sépare
deux espaces
culturels
originaux : le
Museum for
African Art
(36-01
43rd Ave), qui
devrait bientôt
s'installer à
Manhattan, et
le Fisher Landau
Center for Art
(38-27 30th St),
branché art
contemporain.
On peut
rejoindre l'un
et l'autre via
Honeywell St.

Jeune femme branchée foulant les vieux pavés du Meatpacking District

scrupuleusement entretenue : briques blanches et peinture céladon, parquets craquants, escaliers et suspensions originales. On circule de classe en classe, la perception troublée par le miroir elliptique d'Olafur Eliasson, par les expériences "sanglantes" de chirurgie esthétique sur poupées et mannequins d'Ana Horvat, et une apnée hallucinée au fond de la piscine de Leandro Ulrich. Une pincée d'art finlandais ici, un projet collectif centré sur le féminisme par là... Les expositions tournent sans jamais décevoir. Les samedis d'été, les immanquables soirées WarmUp convoquent d'excellents DJ et performers sur le parvis protégé de la rue, et le dernier étage, délicatement illuminé par James Turrell, prend des allures de dernière station avant le paradis.

Retour sur terre. Par 21st St, on remonte jusqu'à 45th Ave qui dévoile sur la droite le **Hunters Point Historic District** : un pâté de brownstones anachroniques dans cet environnement disgracieux, témoin – sans doute – d'une prospérité passée. Sur la gauche : époustouflante perspective vers la skyline de Manhattan. La **galerie Dorsky** ③③ (1103 45th Ave) ponctue discrètement cet entre-deux. Il faut sonner pour découvrir cet espace aux dimensions modestes, offrant une vitrine respectée aux conservateurs indépendants et autres artistes contemporains. On y a vu les miroirs vides et déformés de Valérie Belin et Philippe Ramette, parmi une sélection

d'œuvres inégale, mais souvent à l'avant-garde.

Tout au bord de l'East River, **Hunters Point** ③④ excite promoteurs et Manhattanites. Les chantiers se multiplient sur le littoral et la "gentryfication" se répand à partir de Vernon Boulevard, véritable colonne vertébrale portant les stigmates de l'embourgeoisement : antiquaires, cavistes et restaurants comme le **Lounge 47** (n°4710) et Tournesol (n°5012)... où l'on reviendra se sustenter après une dernière virée culturelle, via le bus Q103. Direction: le **Noguchi Museum** ③⑤ (901 33rd Rd), ouvert en 1985 par le maître américano-japonais lui-même, et dont les jardins et galeries de béton brut abritent ses travaux en pierre, terre, bois et métal. Un peu plus haut, une poignée d'œuvres étranges semblent tombées du cosmos sur les pelouses du **Socrates Sculpture Park** ③⑥ (3201 Vernon Blvd), terrain vague réinventé en atelier à ciel ouvert. Une ambiance presque irréelle plane sur ces deux jardins à la tombée du soir.

Water Taxi
Le week-end, de mai à octobre, un water-taxi dessert Hunters Point toutes les heures (11h-19h), direction Williamsburg et Dumbo, célèbres pour leurs galeries. En semaine, une navette traverse l'East River vers Manhattan cinq fois par jour ainsi que le vendredi soir de 21h à 1h30. L'arrêt est situé à l'extrémité de 54th Ave, tout près de la "plage".

New York by night

Manhattan s'assagit, Manhattan se couche tôt. Ce refrain tourne en boucle depuis quelques années, et de nombreux noctambules mettent le cap sur Brooklyn pour retrouver un peu de cette ville qui ne dort jamais. Mais le cœur de Big Apple palpite encore, et si les rues sont moins folles, on peut s'y balader au beau milieu de la nuit sans craindre pour son avenir. Des preuves ? Pour une mise en jambe arty, on choisira West Chelsea dont les galeries "vernissent" en général les jeudis et vendredis, à partir de 18h. Dans la foulée, pour un instant très new-yorkais, on s'offrira un drink dans un bar d'hôtel. De grand hôtel, même, puisque les portes de ces institutions sont ouvertes à tous, pourvu que l'on y arbore une tenue décente. Trois repaires

classieux avec boiseries et fauteuils en cuir : le **Bemelmans Bar** du **Carlyle** (35 E 76th St), le **Blue Bar** de l'**Algonquin** (59 W 44th St) et le **Bar 44** du **Royalton** (44 W 44th St). Côté spectacles, les néons de Times Square et de Broadway annoncent toujours une constellation de scènes "in" et "off" dont le rideau se lève généralement à 20h. Pour des billets à moitié prix valables le soir même, on aura pris soin de faire la queue aux kiosques **TKTS** à Times Square ou South Street Seaport. Mais si l'on préfère se faire suer dans un autre genre de salle, mieux vaut choisir une séance de gym aux alentours de 23h, pendant qu'à la même heure, certains glissent en rond sur la patinoire mythique du Rockefeller Center.

Pour les libations d'après-dîner, on filera vers quelques lieux mystérieux de l'East Side : le **PDT** – Please Don't Tell – auquel on accède par le double fond d'un fast-food de St Mark's Place ; et le **Milk and Honey** (134 Eldridge St), adresse "interdite aux célébrités" où l'on traite les cocktails comme des œuvres d'art. Réservations… par texto. Fins limiers de la nuit, à vous de jouer ! Après cela, deux options : remuer chic dans les clubs *see and be seen* de la ville – **Cielo** (18 Little W 12th St), **Club Shelter** (150 Varick St) et Marquee (289 10th Ave) – ou entamer une balade fantomatique au clair de lune. Dans ce dernier cas, direction Chinatown où après s'être fait prescrire quelques potions stimulantes à l'**Apotheke** (9 Doyers St), on clopinera dans les ruelles désertes jusqu'au **Foot Heaven** (16 Pell St), pour un massage nocturne bien mérité dans cette ville où l'on ne fait que marcher. On se dirigera ensuite vers le City Hall Park où l'on remontera le temps en passant le portillon de l'entrée sud qui donne sur une fontaine éclairée à la flamme des réverbères. Puis, traversant un Financial District plus Gotham que jamais, on gagnera le **Whitehall Terminal**, d'où le ferry de Staten Island appareille toutes les heures. Un aller-retour féerique et gratuit avec, à l'horizon, la skyline illuminée. Après cela, on rentrera fourbu mais comblé, en ayant même eu le temps de calmer sa fringale dans l'une des tables charitables ouvertes toute la nuit : turque au **Bereket** (187 E Houston St), coréenne au **Kang Suh** (Broadway et W 32nd St), ukrainienne au Veselka (144 2nd Ave), bistrot au **French Roast** (78 W 11th St), et américaine à l'**Empire Diner** (210 10th Ave). On s'y rendra en métro, puisque que les *Late Trains* circulent toute la nuit.

NEW YORK SPIRIT

ESPRIT VINTAGE AU CŒUR DE L'EAST SIDE

ITINÉRAIRE

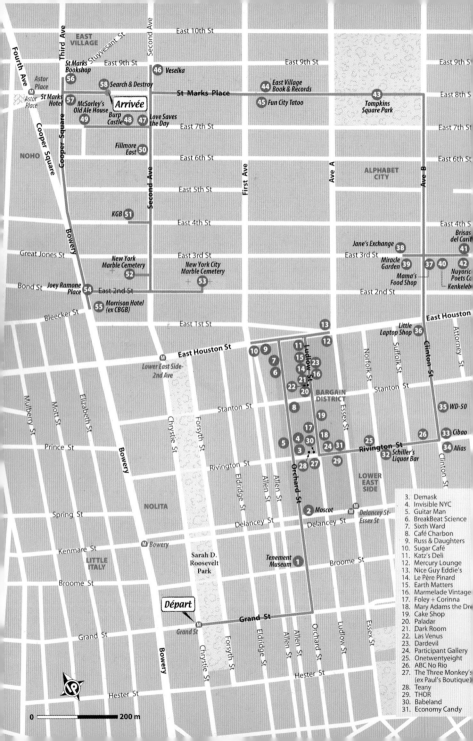

Map labels

EAST VILLAGE

Third Ave
East 10th St
Second Ave

St Marks Bookshop **56**
46 Veselka

East 9th St
East 9th St
East 9th St

Stuyvesant St
East 9th St

58 Search & Destroy
44 East Village Book & Records

St Marks Place
St Marks Place
East 8th St

57 St Marks Hotel
45 Fun City Tatoo

McSorley's Old Ale House
43 Tompkins Square Park

Arrivée

Fourth Ave
Astor Place
St Marks Place
Astor Place

Cooper Square

49 Burp Castle **48** **47** Love Saves the Day
East 7th St
East 7th St

NOHO

Fillmore East **50**
East 6th St
ALPHABET CITY
East 6th St

Second Ave
First Ave
Ave A
Ave B

East 5th St

East 5th St

Bowery

KGB **51**
East 4th St
East 4th St
East 4th St

Great Jones St
Jane's Exchange
East 3rd St
38
Brisas del Carib
41

New York Marble Cemetery **52**
East 3rd St
New York City Marble Cemetery **53**
Miracle Garden **39**
37 **40** **42** Nuyoric Poets C
Kenkeleb
Mama's Food Shop

Bond St
Joey Ramone Place **54**
East 2nd St
East 2nd St

Morrison Hotel (ex CBGB) **55**
Bleecker St

East 1st St

East Houston
Little Laptop Shop **36**
Attorney St

13

East Houston St
10 **9**
11 **12**
Clinton St

Lower East Side-2nd Ave
7
15
23
Norfolk St
Suffolk St

Mulberry St
Mott St
Elizabeth St
6
14 **16**
Stanton St

Prince St
22
20
BARGAIN DISTRICT
Essex St

Stanton St
8
35 WD-50

Chrystie St
Forsyth St
19
26 **33** Cibao

17
18
34 Alias

Bowery
5 **4** **30**
3
24 **31**
Rivington St
25
32 Schiller's Liquor Bar
Clinton St

Rivington St
28
27
29

NOLITA
21 Dark Room
LOWER EAST SIDE

Spring St
2 Moscot
Delancey St-Essex St

Kenmare St
Bowery
Delancey St
Delancey St

LITTLE ITALY
Sarah D. Roosevelt Park

Broome St
Tenement Museum **1**
Broome St

Départ

Grand St
Grand St

Hester St

3. Demask
4. Invisible NYC
5. Guitar Man
6. BreakBeat Science
7. Sixth Ward
8. Café Charbon
9. Russ & Daughters
10. Sugar Café
11. Katz's Deli
12. Mercury Lounge
13. Nice Guy Eddie's
14. Le Père Pinard
15. Earth Matters
16. Marmelade Vintage
17. Foley + Corinna
18. Mary Adams the Dre
19. Cake Shop
20. Paladar
21. Dark Room
22. Las Venus
23. Dardevil
24. Participant Gallery
25. Onetwentyeight
26. ABC No Rio
27. The Three Monkey's (ex Paul's Boutique)
28. Teany
29. THOR
30. Babeland
31. Economy Candy

0 ___ 200 m

DÉPART : MÉTRO GRAND ST
ARRIVÉE : ASTOR PLACE
PRATIQUE : Un itinéraire idéal pour les lève-tard et les noctambules, car ces quartiers branchés ouvrent rarement l'œil avant 10h et ne le referment pas avant le milieu de la nuit.

New York spirit
Esprit vintage au cœur de l'East Side

Longtemps le Lower East Side garda son allure et son ambiance populaire à forte coloration yiddish. Il faut dire que plus d'un demi-million de Juifs d'Europe centrale et orientale affluèrent ici au début du XXe siècle, s'entassant dans des immeubles-dortoirs souvent insalubres, les tenements, et apportant avec eux toute une culture et une gastronomie. Après la dernière guerre, ce quartier assez miteux attira pêle-mêle familles hispaniques, artistes sans le sou et bohèmes en rupture. Il connut son âge d'or autour de l'an 2000, juste avant l'explosion des loyers. Que reste-t-il aujourd'hui ? Quelques minuscules communautés juives et des immeubles latinos enclavés dans un environnement plutôt bobo, voire people. Et une kyrielle de bars, de friperies et de magasins de meubles design, avec pour épine dorsale l'ultrabranchée Rivington St ; le tout fréquenté par une faune à l'allure savamment négligée, et quelques stars indie comme le musicien Moby. Bref, de quoi s'amuser, moyennant finances… Au nord de Houston St, l'East Village a lui aussi passablement changé. Autrefois fief de la contre-culture, ce quartier radical, qui a vu naître le punk-rock avec l'avènement des Ramones, garde encore la trace des années 1960-1970, époque affranchie où l'on y croisait Led Zeppelin, Nan Goldin, Lou Reed, Patti Smith et Keith Haring. Et si le vent de rébellion a un peu faibli, on trouve encore, entre tatoueur, disquaire vintage et jardins communautaires, une atmosphère décalée plutôt attachante. Il faut juste s'éloigner un peu de St Marks Place et rayonner autour de Tompkins Square, réputé pour son passé libertaire.

NEW YORK SPIRIT

Moscot
En 1899, Hyman Moscot gagne sa vie en vendant des lunettes à la criée. Il ouvre son premier magasin seize ans plus tard, dans le Lower East Side. Aujourd'hui, ses arrière-petits-enfants sont à la tête d'une marque d'optique très en vue, dont la boutique (118 Orchard St) ravit bien des célébrités durant la consultation des incroyables collections de cette bonne maison.

Plongée dans le Lower East Side

Parmi les nombreuses portes d'entrée du **Lower East Side**, on choisira Grand St [lignes B et D]. Aux confins de Chinatown, à l'est du Sara Roosevelt Park, quelques étals de fruits, de légumes, de poissons et de coquillages exotiques débordent sur le trottoir. Puis l'ambiance change. On entre dans ce quartier qui fut, au début du XXᵉ siècle, le plus densément peuplé du monde ; 500 000 immigrés venus d'Europe centrale et orientale, juifs pour la plupart, s'entassèrent ici dans des conditions insalubres. Une cour des miracles à la mortalité infantile proche de 40%, décrite par l'un des tout premiers photo-journalistes, Jacob Riis, dans un livre publié en 1890, *How the other half lives* ("Comment vit l'autre moitié").

Orchard St, culture juive et boutiques choc

Au croisement de Grand St et Orchard St, on tourne à gauche pour s'enfoncer dans le **Bargain District**, le "quartier des affaires", équivalent du Sentier parisien. Là où les marchands ashkénazes installaient autrefois leurs charrettes pour écouler toutes sortes de produits, on trouve aujourd'hui une succession de magasins de vêtements, de coton ou de cuir, et des boutiques de "créateurs". Parmi ces commerces, où l'on ne fait pas que des affaires, se tiennent quelques pépites, assez emblématiques de la transformation du quartier, dont le **Tenement Museum** ❶ (n°90) raconte l'histoire misérable. On y découvrira notamment la promiscuité organisée de ces appartements minuscules, fourmilières pour immigrés fraîchement débarqués, dormant peu et travaillant comme des bêtes.

Plus au nord, Orchard St croise Delancey St, puis dessert une succession de bars, de studios d'artistes avec pignon sur rue et de boutiques singulières : au n°118, l'opticien **Moscot** ❷ compte parmi ses client(e)s quelques célébrités ; au n°144, **Demask** ❸ ravit les fétichistes décomplexés et autres érotomanes en quête de caoutchouc, cuir ou latex. Tout à côté, l'un des meilleurs tatoueurs de la ville, Troy Denning, règne sur

Magasin de guitares sur Rivington St

Invisible NYC , son antre mi-studio, mi-galerie d'art (sur rendez-vous au 212 228 1358). Ouvert en 2005 par un ancien de chez Manny's Music – autant dire une référence –, **Guitar Man** ⑤ convoque au n°148 le gotha des instruments et des amplis… Du neuf, de l'occasion, du vintage. Et côté musique toujours, c'est chez **BreakBeat Science** ⑥ (n°181), label pointu de jungle et drum n' bass, que l'on trouvera vinyles, CD, sacs de rangement et T-shirts "BBS". Pour se désaltérer en bonne compagnie, rien de tel qu'une halte dans l'agréable patio du **Sixth Ward** ⑦ (n°191), *beergarden* aux vibrations gaéliques, terré en dans un basement. Quant au Tabac-Épicerie **Café Charbon** ⑧ (n°170), qui n'est autre qu'un bar-bistrot musical, il ajoute au quartier une touche parisienne très "Amélie Poulain".

Houston St, dérapage contrôlé aux confins du LES

Au nord de Stanton St, **Houston St** compte, quant à elle, deux ou trois adresses roboratives. Sur la gauche,

Katz's Deli
C'est dans la grande salle du Katz's Deli (205 E Houston St) que Meg Ryan simula un inoubliable orgasme dans le film de Rob Reiner *Quand Harry rencontre Sally*, sorti en 1989.

le presque centenaire **Russ & Daughters** ⑨ (n°179), fournisseur en caviar et poissons fumés depuis 1914, ou, dans un autre genre, à l'angle d'Allen St, un **Sugar Café** ⑩ (200 Allen St) tout en longueur, où déguster un bon expresso accompagné de viennoiseries très recommandables. Au n°205, on se rassasiera de cornichons à l'aneth et de sandwichs au pastrami dans la grande salle usée de l'incontournable **Katz's Deli** ⑪, vaste vestige d'un temps où tout le quartier parlait yiddish. Juste à côté, le **Mercury Lounge** ⑫ (n°217) réveille les nuits de Houston St au rythme de son excellente programmation musicale et de ses nombreux concerts, tandis qu'en face, le bar **Nice Guy Eddie's** ⑬ colore ses jours en bleu turquoise.

Ludlow St, retour au cœur du LES

Après avoir flirté avec les confins du Lower East Side, dont Houston marque

LES FLEA MARKETS

Petite liste pour bonnes affaires :

The Garage : 112 W 25th St. Des antiquités plus ou moins rares et souvent chères, sur deux niveaux, dans un vrai parking déserté par les voitures le week-end. De 7h à 17h.

Hell's Kitchen Flea Market : West 39th St, entre 9th et 10th Ave. Ce marché a remplacé le regretté The Annex Antique à Chelsea. Bijoux, mobilier années 1950, déco et vêtements vintage… Le week-end, de 9h à 18h.

Greenflea : Columbus Ave entre 76th et 77th St. De l'artisanat, des livres, de la brocante… et des produits frais vendus par des petits producteurs qui apportent la green touch.

Brooklyn Flea : 176 Lafayette Ave (Fort Greene). Excellente sélection d'articles, du bric-à-brac au design vintage, et stands de nourriture très appétissants avec jus de fruits frais, pâtisseries, sandwichs… Le week-end de 10h à 17h. L'hiver, le marché se réfugie au 76 Front Street, à Dumbo.

Williamsburg Flea Market : Wythe Ave entre S 2nd et S 3rd St. Ouvert en 2009, à quelques blocks de l'Artists & Fleas Market (129 N 6th St) qui déballe ses objets arty-sanaux depuis 2003.

---

la limite nord, on replonge dans son cœur en empruntant **Ludlow St**. Honneur à l'Hexagone avec **Le Père pinard** ⑭ (n°175), une table à la carte francophile et très honnête. Puis même litanie de bars et de boutiques que sur Orchard, plus ou moins alternatifs, mais toujours branchés. On savourera le goût du bio dans l'épicerie **Earth Matters** ⑮ (n°177), qui dispose d'un self-service et d'une mezzanine pour déguster sur place jus de légumes revigorants, breakfasts végétariens et douceurs respectueuses du corps… et de la planète. Côté plumage, **Marmelade Vintage** ⑯

(n°172) cultive le vêtement *eigthies*, tandis que **Foley+Corinna** ⑰ (n°143) et **Mary Adams the Dress** ⑱ (n°138) culbutent le romantisme avec des créations souvent très colorées. Pour ne pas se désaltérer idiot, on s'installe au **Cake Shop** ⑲ (n°152) qui dispense dans un même élan vinyles, bouquins et rafraîchissements. Tandis que le **Paladar** ⑳ (n°161) excelle dans l'élaboration de margaritas et de mojitos. Au n°165, ne vous laissez pas impressionner par son nom : le **Dark Room** ㉑ est un basement bar qui n'a rien d'effrayant, bien au contraire. Et parmi les classiques du quartier, mention spéciale à **Las Venus** ㉒ (n°163) pour ses meubles vintage années 1950 et 1960 au design tout scandinave, et **Dardevil** ㉓ (n°174), dont la propriétaire Michelle Myles a tatoué de célèbres épidermes, de Whoopi Goldberg à Vincent Gallo.

Parenthèse artistique dans Rivington St

ELS-LES
Les plus mordus d'art contemporain noteront à l'encre rouge que le dernier dimanche de chaque mois, les ELS-LES ("Every Last Sunday on the Lower East Side") permettent de découvrir une vingtaine d'espaces, galeries et ateliers.

Et l'on arrive sur **Rivington St**, devenu très hype depuis qu'artistes et galeries y ont élu domicile. Parmi ces dernières, on jettera un œil à la **Participant Gallery** ㉔ (n°104), qui n'hésite pas à exposer de nouveaux talents, l'éclectique galerie **Onetwentyeight** ㉕ (n°128) qui se renouvelle chaque mois avec audace et succès, et l'**ABC No Rio** ㉖ (n°156) à la façade taguée. Ouvert en 1980, ce dernier, pionnier de la contre-culture, en demeure aujourd'hui l'un des derniers fiefs. Il rassemble dans une même ferveur artistes et activistes qui

ont pour point commun de rejeter la marchandisation culturelle.

Au fil de cette parenthèse artistique, on se recueillera devant une **Paul's Boutique** ㉗ (angle Rivington St et Ludlow St) qui a "un peu changé" depuis que les Beastie Boys en ont fait la couverture de leur album éponyme en 1989.

Spéciale dédicace au musicien indé Moby, copropriétaire du salon de thé de poche **Teany** ㉘ (TEA New York ; n°90) et longtemps résident du **THOR** ㉙ – The Hotel On Rivington (n°107). Le premier

Intérieur du Schiller's Liquor Bar, également sur Rivington

propose plus d'une centaine de thés, de délicieux sandwichs végétaliens, salés ou sucrés, et du café au lait de soja. Le second s'élève sur 19 étages au dessus du quartier, ménageant une vue inoubliable sur Manhattan depuis ses chambres les plus élevées, plutôt exiguës mais vitrées du sol au plafond. Les parties communes, et notamment le lobby, témoignent d'un esprit créatif chic et design. Et le staff ressemble à Interpol habillé par Agnès b. À côté de Teany, **Babeland** ㉚ (n°94),

ambassadeur local d'une enseigne de sex-toys, propose des livraisons à domicile. Plaisirs d'un autre genre chez **Economy Candy** ㉛ (n°108), drôle de magasin regorgeant depuis 1937 de bonbons, sucettes, dragées, gommes, mais aussi chocolats et confiseries fines.

Remontée gastronomique vers l'East Village
Plus loin sur Rivington, on s'accorde un instant wallon au très beau

73

Schiller's Liquor Bar 32 (n°131), avec bière belge et assiette de frites. Mais il s'agirait de ne pas s'empiffrer, car c'est vers l'est, passé quelques blocks d'anciens tenements à forte coloration latino, que l'on trouvera les meilleures tables du quartier. Gauche toutes, donc, dans Clinton St, que l'on remonte vers le nord, en direction de l'East Village. À l'heure du déjeuner, on s'installera à l'une des bonnes tables de cette rue à la gastronomie remarquable : latino chez **Cibao** 33 (n°72), légère et bio chez **Alias** 34 (n°76) ou plus inventive au **WD-50** 35 (n°50), dont le fondateur Wylie Dufresne, a fait ses classes chez le célèbre Jean-Georges Vongerichten. Ainsi joyeusement rassasié, on saluera le **Little Laptop Shop** 36 (n°9), repaire d'informaticiens doux dingues avant de traverser East Houston St et d'entrer dans l'East Village par l'Avenue B.

Alphabet City
Délimitée au nord par E 14th St et au sud par E Houston St, Alphabet City doit son nom aux quatre avenues qui la traversent : A, B, C et D. Il y a 150 ans, le quartier, peuplé d'immigrés allemands, fut la première enclave ethnique non-anglophone des États-Unis… et fut surnommé Klein Deutschland, la petite Allemagne.

East Village et Alphabet City, enclaves alternatives

Le quartier a beau s'être embourgeoisé depuis une quinzaine d'années, on y trouve encore quelques beaux restes qui rappellent l'ambiance alternative qui en électrisait les rues voilà une trentaine d'années. Au carrefour d'Ave B et de 3rd St, côté gauche, un drapeau à tête de mort réhausse une devanture aux portraits graffités. C'est **Mama's Food Shop** 37 (34 Ave B), (n°200), temple local des spécialités

DES MILITANTS AUX MAINS VERTES

Dans les années 1970, les habitants de l'East Village se sont réapproprié quelques lambeaux urbains en souffrance pour en faire de délicates taches verdoyantes entre deux immeubles ou au cœur des blocks, du côté d'Alphabet City. Mais les promoteurs finissent par s'entendre avec une municipalité avide de profits immobiliers, et en février 2000, les bulldozers passent à l'attaque. Une poignée de riverains acharnés s'y opposent, autour du Hope Garden, et malgré les arrestations, une injonction interdira finalement à la ville de détruire ces oasis de verdure. Aujourd'hui piquées d'arbres, de fleurs et souvent de sculptures et de bacs à sable, ces jardins communautaires se prêtent aux pique-niques entre riverains, jeux de cartes et activités en tous genres : tai-chi, yoga… Ils sont souvent ouverts au public le week-end. C'est alors l'occasion de papoter avec ces jardiniers urbains, souvent très au fait de la vie politique locale.

caribéennes. À quelques mètres, **Jane's Exchange** ㊳ (191 E 3rd St), (n°191) ouvre son dépôt-vente aux fringues pour enfants.

Tout au long de 3rd St, de minuscules squares poussent comme du chiendent entre les immeubles de brique : le **Miracle Garden** ㊴ (n°196), le **Kenkeleba** ㊵ (n°210) aux curieuses sculptures zoomorphes, un écrin digne du Facteur Cheval (n° 221), ou encore le **Brisas del Caribe** ㊶ (n°237) reconnaissable à sa petite palissade blanche. Presque en face de celui-ci, juste après un bel immeuble de briques bien fraîches, le **Nuyorican Poets Café** ㊷ (n°236) occupe le

rez-de-chaussée d'un immeuble chancelant aux fenêtres condamnées et aux balcons en sursis. D'étranges silhouettes dessinées comme des spectres livides animent la façade de ce berceau du slam. On y vient encore assister à des performances oratoires de haut niveau sous forme de joutes poétiques ou de lectures de scripts et de pièces de théâtres.

Le Tompkins Square Park, épicentre contestataire

L'avenue B, que l'on reprend en revenant sur ses pas, mène au Tompkins Square Park, en longeant d'autres jardins communautaires – entre 5th St et 6th St – et le Horseshoe Bar, plus connu sous le sigle 7B (pour 7th St et Ave B). Autrefois repaire de toxicos, de clochards et de marginaux en tous genres, le **Tompkins Square Park** ㊸ matérialisait l'épicentre glauque d'une Alphabet City vérolée par les trafics et l'ultraviolence… Mais aussi le cœur new-yorkais de la contestation : des émeutes contre la misère de 1874 aux manifestations contre la guerre du Vietnam, en passant par le soulèvement populaire lié à l'intervention musclée de la police pour déloger les sans-abri en 1988.

Aujourd'hui plus paisible, ce parc accueille petits, grands et toutous, ainsi que quelques événements artistiques estivaux relevant de la contre-culture comme le post-beatnik Howl Festival

Loisaida déformation hispanique de Lower East Side – recouvre une zone située aux confins de ce dernier et d'Alphabet City, largement peuplée de Portoricains arrivés dans les années 1960. L'avenue C s'appelle d'ailleurs aussi Loisaida Ave.

Horseshoe bar, the 7B Le cinéma s'est emparé à au moins deux reprises du 7B, bar viril inondé de musique un peu grasse, au comptoir en fer à cheval : pour *Le Parrain II* et *Crocodile Dundee*.

où l'on peut encore croiser des orphelins de "Wigstock", défunt festival initié par un groupe de drag-queens. Plus sage, le **Charlie Parker Jazz Festival** réunit en août les mélomanes à portée de saxophone de la maison où "Bird" s'éteignit en 1955 (151 Ave B).

Ambiance rock n' roll dans St Marks Place

On sortira du parc par l'ouest, pour

St Marks Place (tronçon ouest d'E 8th St, rebaptisé ainsi en l'honneur de l'église St Marks-in-the-Bowery voisine). Artère principale de ce quartier longtemps rebelle, St Marks a gardé – une partie de – son âme, malgré l'arrivée de restaurants franchisés. En témoigne l'**East Village Books & Records** 44 (n°99), capharnaüm musico-littéraire bourré de pépites. Sur le trottoir d'en face, la façade des n°96-98 rappellera aux fans de Led Zeppelin la pochette de l'album *Physical Graffiti,* de jour au recto, de

nuit au verso. En 1981, c'est Mick Jagger himself, qui attendait ici son ami Keith Richards dans le clip kitschissime du single *Waiting for a friend*.

Des stars de l'époque comme Boy George ou Joan – *I love Rock n' Roll* – Jett venaient se faire marquer à l'encre chez le voisin : **Fun City Tattoo** 45 (n°94), où tout le monde, mauvais garçons ou pas, peut désormais venir déguster un capuccino sans se faire triturer l'épiderme. On poursuivra dans cette ambiance rock n'roll jusqu'à la 2nd Ave. À droite, à l'autre extrémité du bloc, le restaurant **Veselka** 46 – comme le tout proche Odessa – sert poivrons farcis, bortch, goulash et *pierogi* (raviolis) 24h/24. On dit que Joey Ramone, le "father of Punk", venait y engloutir un petit porridge de temps à autres.

Pélerinage rock sur 2nd Ave

En descendant 2nd Ave, on aura une pensée émue pour feu **Love Saves the Day** 47 (n°119), inoxydable temple du kitsch qui a pourtant dû se résoudre à baisser définitivement le rideau sur ses figurines de GI Joe, des Beatles ou de Star Wars, ses vestes en fausse fourrure et ses bottes compensées glam-rock.

Une rapide incursion dans 7th St s'impose, pour "visiter" le **Burp Castle** 48 (n°41) et oublier cette triste nouvelle devant l'une des 50 bières proposées dans ce bien

étrange "château", où les barmans portent parfois la robe de bure, et envoient une playlist entière de chants grégoriens, que les clients auront à cœur de respecter en chuchotant. Ambiance… Un peu plus loin dans la rue, **McSorley's Old Ale House** 49 (n°15) se targue d'être le plus ancien bar de New York, titre que peu lui contestent vu qu'il se tient là depuis 1854. Les photos jaunies par les ans et la fumée rajoutent un supplément d'âme à ce lieu mythique encore "dans son jus".

Retour sur 2nd Ave et à droite toutes, pour un hommage aux années 1970. Salle de concert mythique, aujourd'hui remplacée par une triste banque, l'auditorium de **Fillmore East** 50 (n°105) connut pendant trois ans la fièvre du rock. Des mastodontes comme les Doors, le Grateful Dead, les Allman Brothers ou même les Who – qui y présentèrent la première de leur opéra-rock *Tommy* –, s'y produisirent jusqu'à sa fermeture, en 1971.

Petite Ukraine
Une véritable petite Ukraine s'enroule autour de 2nd Ave. Le restaurant Veselka (n°144) côtoie le Foyer National (n°140), tandis que la coupole de l'église St George (30 E 7th St) fait écho aux collections de l'Ukrainian Museum (222 E 6th St).

Little India
À l'est de 2nd Ave, E 6th St est considérée comme une Little India, aux nombreux restaurants souvent très semblables. L'un des meilleurs du genre, le Madras Café, se trouve lui un peu plus bas, au 79 2nd Ave.

Deux blocks plus bas, sur la droite, 4th St abrite le **KGB** 🔢 (n°85). QG d'un mouvement socialiste dans les années 1940, ce bar recensant plus de vingt vodkas différentes n'a plus grand-chose de marxiste, sinon quelques affiches et symboles désormais décoratifs. On y parle beaucoup, mais on sait aussi se taire lorsqu'une soirée de lectures – poèmes, fictions – est au programme, et que de célèbres plumitifs comme A. M. Homes ou Rick Moody viennent se mêler à une audience de connaisseurs.

De retour sur 2nd Ave, au n°41 ½, un portail ouvert au public une fois par mois (d'avril à octobre), mène au **New York Marble Cemetery** 🔢, espace de verdure et de repos éternel totalement enclavé à l'intérieur d'un block. Un peu plus loin sur la gauche, dans 2nd St, une atmosphère romantique et sereine se dégage du **New York City Marble Cemetery** 🔢. Ces deux cimetières voisins acceptent encore les inhumations – par ailleurs interdites à Manhattan – sous certaines conditions.

LA DISCOTHÈQUE NEW-YORKAISE IDÉALE

Jazz, rap, pop, rock, punk ou hip-hop… Vingt-et-une pépites à (ré)écouter avant, pendant et après une virée new-yorkaise.

Take the A train (Billy Strayhorn et Duke Ellington, 1941) Un sublime voyage à Harlem, en métro en compagnie du "Duke".

The Complete Savoy & Dial Master Take - Charlie Parker (1944-1948) Huit CD pour écouter le "Bird" s'envoler très haut, accompagné ici et là de Miles Davis et Dizzie Gillespie.

Bob Dylan (Bob Dylan, 1962). *Talkin' New York* ou les errances du jeune folk-songwriter dans Greenwich Village, et sa volonté de quitter la ville. Trois ans plus tard, dans *Positively 4th Street*, il critiquera les critiques et certains habitants de ce même Village.

J'ai rêvé New York (Yves Simon, 1974) Impossible de résister au refrain entêtant du dandy germano-pratin.

Ramones (The Ramones, 1976) Premier album et probablement le meilleur du quatuor new-yorkais, pères fondateurs du punk-rock.

New York New York (Liza Minnelli, 1977) Composée pour le film éponyme de Scorsese et sublimée par Sinatra deux ans plus tard.

Some Girls (The Rolling Stones, 1978) Un Jagger sous influence new-yorkaise pour cet album éclectique mêlant rock brut et disco (le tube *Miss You*), à l'image de la ville.

Parallell Lines (Blondie, 1978) Six singles sur douze titres pour l'atomique Debbie Harry

Rapper's Delight (Sugar Hill Gang, 1979) Premier single de rap classé au Top 40 américain. Succès planétaire.

The Message (Grand Master Flash & The Furious Five, 1982) Hymne hip-hop aux paroles engagées qui raconte le quotidien d'un habitant du Bronx.

An Innocent Man (Billy Joel, 1983) Dont le single *Uptown Girl* raconte l'amour d'un ouvrier de downtown pour une riche beauté installée dans les quartiers huppés.

On rejoint alors 3rd Ave par 2nd St. À l'angle des deux, la **place Joey Ramone**  rend hommage depuis novembre 2003 au chanteur des Ramones, célèbre riverain emporté par un cancer deux ans plus tôt, et considéré comme le père fondateur du punk. Son groupe épileptique, tout comme Blondie, Sonic Youth, Television ou Patti Smith, enflammait régulièrement le **CBGB**  voisin (315 The Bowery), antre mythique du rock underground

It Takes a Nation of Millions to Hold us Back (Public Enemy, 1988) Un chef-d'œuvre hip-hop bourré de samples et politiquement très engagé, samplé à son tour par de nombreux artistes.

Paul's Boutique (Beastie Boys, 1989). Excellente galette pourtant boudée par le public de l'un des groupes US les plus déjantés, naviguant entre rock et hip-hop, New York et Los Angeles.

Goo (Sonic Youth, 1990) L'album le plus accessible du bruyant groupe post-punk qui invite Chuck D de Public Enemy sur le single Kool Thing.

New York (Lou Reed, 1990) Album solo plein de noirceur de l'ex-chanteur du Velvet qui a grandi dans cette ville, lui a consacré plusieurs chansons, et en décrit ici les bas-fonds. Son dernier best-of s'intitule d'ailleurs NYC Man (2004) comme le titre paru en 1996.

Life After Death (The Notorious B.I.G., 1997) Sacré "King of New York" après Ready to Die, le héraut du rap East Coast connaîtra un triomphe posthume avec cet album plus calme sorti deux semaines après son assassinat.

Is this it ? (The Strokes, 2001) Les héritiers post-punks du Velvet et des Ramones sortent cette année-là un album lo-fi à la pochette suggestive censurée aux États-Unis.

Turn on the Bright Lights (Interpol, 2002) L'un des meilleurs disques de l'année commis par ces sombres New-Yorkais. Le titre *NYC* préfigure le sublime *Antics* qui viendra deux ans plus tard.

The Rising (Bruce Springsteen, 2002) Le "Boss" revient sur les blessures de l'après 11-Septembre avec son E-Street Band, et une volée de chansons sensibles et bouleversantes.

Desperate Youth, Blood Thirsty Babes (TV on the Radio, 2004) Un rock hybride et psychédélique, influencé par la soul, le jazz et la Beat generation.

Clap Your Hands Say Yeah (Clap Your Hands Say Yeah, 2005) Le premier album de ces Brooklynites influencés par Talking Heads. Auto-produit et d'abord diffusé sur le Net.

et du punk new-yorkais malgré son nom, acronyme de "Country, Bluegrass and Blues". Après trente années passées entre bières et décibels, criblé de dettes et agonisant sous les riffs laborieux du heavy metal, le CBGB a lui aussi baissé le rideau le 15 octobre 2006. R.I.P. C'est aujourd'hui le Morrison Hotel, une galerie d'art dont les images sont liées à l'univers musical.

Rebelle attitude autour d'Astor Place

Laissant l'ombre du roi-lézard planer sur ces trottoirs glorieux, on remonte The Bowery, puis Coooper Square jusqu'à **Astor Place**. Au beau milieu de la place, un sombre cube d'acier en équilibre sur l'un de ses sommets pivote sur lui-même. On trouvera tout autour d'excellents magasins et restaurants japonais, et surtout de roboratives nourritures spirituelles à la **St Marks Bookshop** 56 (31 3rd Ave), ouverte jusqu'à minuit. Exceptionnels, ses libraires sont de parfaits cicerones pour trouver le meilleur de ces rayonnages foisonnants : politique, poésie, cuisine… Quant à la section de St Marks Place immédiatement située à l'est de la place, elle abrite encore quelques curiosités, comme l'honnête **St Marks Hotel** 57 (n°2) à moins de 120 dollars la nuit – une aubaine downtown ! – ou la boutique **Search & Destroy** 58 (n°23), qui apparaît globalement moins rebelle que ce que

la vitrine laisse à penser, bien qu'une certaine impertinence règne toutefois sur les masques à gaz, sex-toys, T-shirts à tête de mort ou uniformes d'écolières japonaises que l'on y trouve. Le même bloc (n°19-25), aujourd'hui truffé de boutiques, abrita jadis une association culturelle allemande avec salle de bal, puis un foyer polonais. Il fut le théâtre d'une fusillade entre mafieux juifs et italiens, scellant en 1914 la nouvelle prééminence des seconds sur les premiers... avant d'accueillir l'Electric Circus d'Andy Warhol, et ses happenings multimédia surnommés "Exploding Plastic Inevitable", animés par toute une faune déjantée de pygmalions et d'adorateurs. À peine plus loin, c'est au n°30 que fut lancé en 1967 le théâtral mouvement Yippie, en référence au Youth International Party fondé par les "Groucho Marxistes" Anita et Abbie Hoffman, héritiers libertaires et pacifistes de la Beat Generation. On y trouve aujourd'hui des sashimis et des falafels. *"The times, they are a-changin"*, comme chantait Dylan, les temps changent...

Jewish New York

En 1957, New York recensait deux millions de Juifs, soit un habitant sur quatre ! Depuis la fin du XIXe siècle, la misère et les persécutions avaient vidé les shtetls d'Europe centrale et orientale, et lancé ces migrants sur les routes du Nouveau Monde. Beaucoup s'arrêtèrent à Manhattan, imposant leur marque dans le paysage quotidien : lieux communautaires, gastronomie, vocabulaire…

Les temps ont changé. Les Juifs new-yorkais ont quitté les immeubles insalubres du Lower East Side pour des horizons plus aérés. Rego Park, Williamsburg ou surtout Midwood, apparaissent comme les foyers les plus dynamiques. Mais le LES a tout de même gardé de ce passage un petit air de Yiddishland. On imagine aisément la vie de ces familles entassées dans de minuscules appartements en visitant le **Tenement Museum** (90 Orchard St). Non loin de là, via Essex St, l'immeuble **Forward** (175 East Broadway), abrita dès 1912 les bureaux du quotidien de gauche éponyme tirant jusqu'à 250 000 exemplaires. Marx et Engels figurent encore en médaillon dans l'entrée, et le titre du journal s'étale en hébreu sur le fronton. Quant à la **Kletzker Brotherly Aid Association** (5 Ludlow St), remplacée par une société chinoise de pompes funèbres, elle fournissait assistance, travail et soins à ceux qui en avaient besoin. On notera la façade gothico-mauresque de la **synagogue d'Eldridge St** (n°12), édifiée en 1887 ; et le petit musée de la **Kehila Kedosha Janina Synagogue** (280 Broome St) qui revient sur l'histoire mouvementée des romaniotes, Juifs de Grèce dont elle accueille l'une des dernières communautés. L'**Angel Oresanz Center** (172 Norfolk St) fut d'abord une synagogue bâtie en 1849 sur le modèle de la cathédrale de Cologne, puis l'atelier d'un peintre espagnol ! On y célèbre encore quelques rares services… entre un vernissage et deux mondanités, comme les noces de Sarah Jessica Parker et Matthew Broderick.

Mais à New York, la culture juive survit également par ses spécialités culinaires – bagels, blinis, poissons fumés et autres crêpes fourrées –, que l'on dégustera chez l'irréprochable **Zabar's** (2245 Broadway) ou

dans de bonnes pâtisseries comme la **Gertel's Bakery** (53 Hester St) et la **Yonah Schimmel Bakery** (137 E Houston). **Katz's Deli** (205 E Houston), **Russ & Daughters** (179 E Houston) et **Sammy's Roumanian Steak House** (157 Chrystie St), trois adresses inoxydables pour manger yiddish dans le Lower East Side, attirent les foules depuis des générations. Les amateurs de légumes vinaigrés se précipiteront chez **Guss' Pickles** (85 Orchard St) ou **Pickles Guy** (49 Essex St), dernières d'un genre de boutiques jadis omniprésent. Plus loin, sur 2nd Ave, les soupes sont excellentes et les challah savoureux chez **B&H Dairy** (127 2nd Ave).

À deux pas, le **Village East Cinema** (189 2nd Ave) et son plafond orné d'une étoile de David, reste le dernier témoin d'une avenue autrefois bordée de théâtres et surnommée The Jewish Rialto. Et dans un autre registre, sur le chemin de l'incontournable magasin de matériel audiovisuel B&H (420 9th Ave), dont les employés arborent peyot et kippa, on trouvera chez **J. Levine Jewish Books & Judaica** (5 W 30th St) le nécessaire – et le superflu – du Juif new-yorkais.

NEW YORK BABEL

LE TOUR DU MONDE EN MÉTRO

ITINÉRAIRE

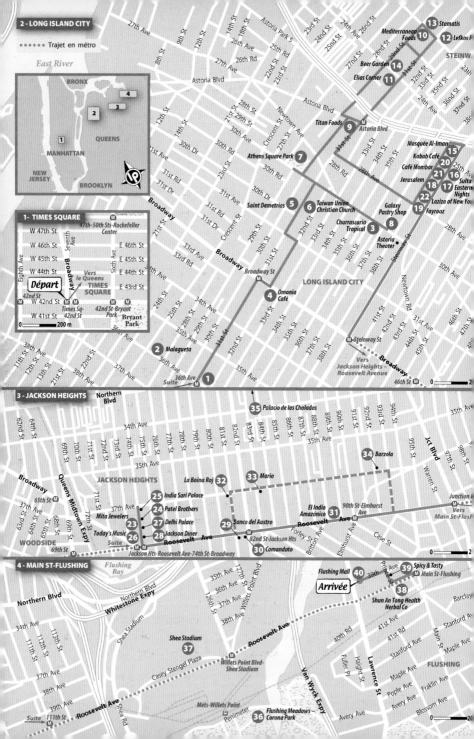

2 - LONG ISLAND CITY

••••••• Trajet en métro

East River

BRONX

QUEENS

MANHATTAN

NEW JERSEY

BROOKLYN

1 - TIMES SQUARE

47th-50th Sts-Rockefeller Center

W 47th St
W 46th St
W 45th St
W 44th St
W 42nd St
W 41st St

E 46th St
E 45th St
E 44th St
E 43rd St

Seventh Ave

Sixth Ave

Eighth Ave

Départ

Vers le Queens

TIMES SQUARE

Times Sq-42nd St

42nd St-Bryant Park

Bryant Park

0   200 m

3 - JACKSON HEIGHTS

Northern Blvd

JACKSON HEIGHTS

Broadway

Queens Midtown Expy

WOODSIDE

69th St

Jackson Hts-Roosevelt Ave-74th St-Broadway

Flushing Bay

4 - MAIN ST-FLUSHING

Northern Blvd

Whitestone Expy

Shea Stadium

Casey Stengel Plaza

Willets Point Blvd-Shea Stadium

Mets-Willets Point

Penimeter

Flushing Meadows-Corona Park

Van Wyck Expy

Lawrence St

FLUSHING

STEINW

13 Stamatis
Mediterranean Foods 10
12 Lefkos F

Beer Garden 14
Elias Corner 11

Titan Foods 9 Astoria Blvd

Athens Square Park 7

Mosquée Al-Iman
Kabab Café
Café Mombar
Jerusalem

15
20
21 16
18 17 Sulta
Eastern Nights
Laziza of New Yo

Saint Demetrios 5
6 Taiwan Union Christian Church
Churrascaria Tropical 3
Galaxy Pastry Shop 8
19 Fayrooz

Astoria Theater

4 Omonia Café

LONG ISLAND CITY

Steinway St
Vers Jackson Heights-Roosevelt Avenue

46th St

2 Malagueta

36th Ave Suite 1

35 Palacio de los Cholados

34 Barzola

La Boina Roj 32
33 Mario

25 India Sari Palace
24 Patel Brothers
27 Delhi Palace
28 Jackson Diner
Roosevelt
23
26 Today's Music Suite
Mita Jewelers

29 Banco del Austro
El Indio Amazónico
31 90th St-Elmhurst Ave
Junction

82nd St-Jackson Hts
30 Comandato

Spicy & Tasty 39
Flushing Mall 40 Main St-Flushing
Arrivée 38
Shun An Tong Health Herbal Co

37 Shea Stadium

36

Suite 111th St

DÉPART : MÉTRO TIMES SQUARE-42ND ST
ARRIVÉE : MÉTRO MAIN ST-FLUSHING, FLUSHING
PRATIQUE : Cet itinéraire ne comporte pas de "visites" au sens classique du terme, il propose plutôt une flânerie urbaine, au fil du métro aérien, parmi les cultures et les saveurs du monde.

NEW YORK BABEL
LE TOUR DU MONDE EN MÉTRO

Deux New-Yorkais sur trois sont nés à l'étranger ou issus de parents immigrés. Ouverte sur l'Atlantique, la ville incarne le melting-pot par excellence. Les vagues d'immigration l'irriguent depuis sa fondation ; seule l'origine de ces nouveaux habitants a évolué. Longtemps Européens, ils affluent aujourd'hui de toute la planète, redessinant une ville-monde en forme de mosaïque cosmopolite. Le Queens est l'exemple le plus frappant de cette exceptionnelle diversité ethnique. Un creuset aux accents et aux parfums exotiques. Près de 150 nations y coexistent pacifiquement. Aux Juifs, Italiens et Irlandais ont succédé une pléiade de communautés créant ici une Little India, là un Little Ecuador, là encore un Chinatown plus vaste que celui de Manhattan… À partir de Times Square, on peut ainsi faire le tour du monde pour le prix d'un ticket de métro. Rebaptisée International Express, la ligne 7, aérienne, traverse cette Babel bruyante et colorée. Quant à la ligne N, elle sillonne des quartiers grecs, brésiliens et frôle l'arabisante Steinway St. On passe du Brésil aux Balkans, de Bollywood à Damas et de Taïwan à Bogota… Il suffit de descendre à chaque station pour plonger dans un monde où les coutumes, les langues et les religions transportent le voyageur bien loin de Wall Street ! Un périple épicé, réhaussé par la musique, les effluves et les saveurs rencontrées au fil des rues. Car chaque communauté a bien sûr apporté sa cuisine et ses traditions, avant de les fondre dans le creuset américain. Alors, tout le monde à bord, et surtout : *stand clear of the closing doors, please !*

✣ Envolée en métro vers le Queens

Le monde entier se donne rendez-vous à Times Square. Quoi de plus naturel que de commencer ici ce voyage autour du globe ? Figure touristique imposée, notamment en raison de ses nombreux hôtels, cette place bourdonnante ne propose rien d'autre que des publicités sur écrans géants et du divertissement de masse. On s'engouffrera donc sans regrets dans le métro *Times Square-42nd St*, en suivant la ligne N jaune – direction **le Queens**. D'abord souterraine, la rame s'élève soudain à quelques dizaines de pieds du sol de Long Island City, dévoilant un paysage

Little Brazil
Avant de se déplacer dans le Queens avec l'afflux de nouveaux immigrants, Little Brazil occupait tout un block, le long de W 46th St, entre 5th et 6th Ave à Manhattan. On y trouve encore quelques rares restaurants brésiliens.

suburbain et postindustriel composé de parkings, d'échangeurs routiers, d'entrepôts et d'immeubles décrépis que l'on sent déjà dans le collimateur des promoteurs et des artistes. De fait, ce quartier en souffrance apparaît comme une nouvelle frontière, le prochain Williamsburg. Car par les vitres du métro, par-delà ces rues apoplectiques, le regard embrasse la formidable skyline de Midtown, toute proche.

Feijoada, sieste et samba

Comme une chenille d'acier rampant sur sa branche, la N remonte 31st St vers Astoria, ancienne place forte de la communauté grecque. En descendant

Ligne aérienne du métro dans le Queens

sieste. Car ici, on respecte les rythmes biologiques, et les débuts d'après-midi sont parfois très calmes. Sauf un certain 30 juin 2002, lorsque la Seleccão remporta au Japon, et pour la cinquième fois de son histoire, la Coupe du monde de football. Et que les rues vibrèrent pendant des jours aux échos de cette victoire.

Où les Athéniens s'éteignirent

C'est à partir de *Broadway*, toujours sur la ligne N, qu'Astoria retrouve un léger accent grec. Murs peints en bleu et blanc, restaurant Athens, laverie Hermes, dispensaire Hippocrate… Certes, les **Grecs** qui tenaient jadis le haut du pavé ne représentent plus que 10% de la population du quartier. Les deuxième et troisième générations sont parties vers des banlieues plus vertes, et l'on ne croise plus qu'exceptionnellement ces grands-mères fripées portant les noirs habits du deuil, ou ces vieux – cigarettes brunes au bec – jouant au backgammon en commentant le temps qui passe. Mais tout de même. À quelques pas du métro, l'**Omonia Café** 4 (32-02 Broadway) sert d'excellents cafés, frappés ou non, ainsi que des pâtisseries à se damner, ourlées de crème et de miel : *baklavas, galaktobourekos*…

à *36th Ave* 1, on s'apercevra qu'un melting-pot bouillonne désormais aux portes de ce quartier : cantines mexicaines et chinoises, échoppes thaïlandaises, vendeurs de bagels… Plus une importante **communauté brésilienne** qui s'est installée ici depuis que le Little Brazil de Manhattan – autour de W 46th St – s'est dépeuplé. Du coup, des centaines de Cariocas et consorts sont venus revitaliser ce coin du Queens, installant clubs de samba, instituts de beauté, centres d'épilation – Ah, les charmes du maillot ! – et de chirurgie esthétique, vitrines colorées avec ou sans strings, et quelques bonnes tables, dont l'incontournable **Malagueta** 2 (25-35 36th Ave) fameux pour sa *moqueca de camarão*, sa feijoada du samedi et sa citronnade maison, ainsi que la **Churrascaria Tropical** 3 (36-18 30th Ave), bien plus au nord, où l'on ira se régaler d'une viande grillée et juteuse… avant de faire la

Astoria
Le quartier d'Astoria doit son nom à John Jacob Astor, qui n'y a pourtant jamais mis les pieds. Cet émigré allemand d'origine modeste fit fortune dans le commerce des fourrures, puis dans l'immobilier (notamment à New York), devenant vers 1840 l'homme le plus riche des États-Unis.

Kielbasa au Bohemian Hall & Beer Garden

À quelques blocks de là, l'église **Saint Demetrios** ➎ (30-11 30th Drive) symbolise depuis 1927 la fusion de l'élément grec dans la marmite américaine : coupoles et murs de briques rouges. Tandis que de l'autre côté de 31st St, la **Taiwan Union Christian Church** ➏ (30-59 1st St) annonce le voisinage de cultures lointaines. À quelques pas de là, 30th St mène tout droit à l'**Athens Square Park** ➐, où se dressent trois colonnes ioniennes ainsi que les statues de Socrate et d'Athéna. Et quelques blocks à l'est, parmi une litanie de cafés, la **Galaxy Pastry Shop** ➑ (37-11 30th Ave) et son vieux distributeur de cigarettes, accueille ses hôtes comme une mamie de Corinthe, avec douceurs arrosées de miel et papier peint antique.

Non loin du métro *Astoria Blvd*, on trouvera sur les étals de **Titan Foods** ➒ (25-56 31st St) et de **Mediterranean Foods** ➓ (23-18 31st St), de succulentes aubergines, des poulpes, de la feta, des feuilles de vigne farcies, de la moussaka, des *spanakopitas*, des yaourts onctueux… Autant de spécialités à déguster dans le patio de l'**Elias Corner** ⓫ (24-02 31st St), au **Lefkos Pirgos** ⓬ (22-85 31st St), ouvert de 7h à 2h du matin, ou chez **Stamatis** ⓭ (29-09 23rd Ave) dont le tzatziki s'avère inoubliable, les poissons grillés savoureux et les fruits de mer extra-frais.

Fin du chapitre grec, et petite incursion dans la MittelEuropa en s'attablant au **Beer Garden** ⑭ situé au 29-19 24th Ave. Ce "jardin à bière", le plus ancien de New York encore en activité, est accolé depuis 1919 au **Bohemian Hall**, foyer culturel implanté dans une grande bâtisse un peu terne, meublée à la tchèque, et possédant également son restaurant. On se sustente toujours, dans cette slave enclave, de roboratives spécialités d'Europe centrale à base de chou et de porc, et une bonne douzaine de bières différentes à comparer en plein air.

Steinway Street l'orientale

On rejoindra d'autres latitudes en repassant au sud de la highway, puis en virant à gauche dans 28th Ave. Huit blocks – soit environ 500 mètres – séparent 31st St de **Steinway St**. Marquée par la **mosquée Al-Iman** ⑮ (n°24-30), cette dernière abrite une communauté arabo-musulmane très active, et désormais plus importante que celle d'Atlantic Ave, à Brooklyn. Agences de voyages, bijouteries, boutiques libanaises et marocaines exposant qui des narguilés, qui des calendriers musulmans, qui des horloges à prières et des hijabs… On croise sur cette artère chaleureuse toutes sortes de croyants, en jeans ou en djellaba. Et de nombreux salons égyptiens *(hookah lounges)* invitent à fumer la chicha – ce qui est tout à fait autorisé.

NOM D'UN PIANO !

Facteur de pianos, Heinrich Engelhard Steinweg quitte l'Allemagne avec ses trois fils et débarque à New York en 1850. En quelques années, il fonde sa propre entreprise, installe ses ateliers à Manhattan, et transforme son nom. Il devient Henry Steinway. Fabriquant des instruments de grande qualité, sa société prospère, et en 1880, il installe à Astoria son "Steinway Village", véritable ville-usine avec ateliers, fonderies, bureau de poste, logements et espaces verts. L'ancienne Main Street sera rebaptisée à son nom. Et c'est encore de la manufacture toute proche, située 1 Steinway Place, que sortent les meilleurs pianos du monde.

On peut ainsi tirer à son aise sur le narguilé ou siroter un thé parfumé, dans les volutes sucrées qui planent sur le **Sultana** ⑯ (n°25-03), l'**Eastern Nights** ⑰ (n°25-35), le **Jerusalem** ⑱ (n°25-42) ou, un peu plus loin, le **Fayrooz** ⑲ (n°28-08). Le **Kabab Café** ⑳ (n°25-12) sert de délicieux falafels dans un décor de bric-à-brac égyptien. Quant au **Café Mombar** ㉑ (n°25-22), on y pénétrera après avoir tenté de déchiffrer son improbable façade

Du monde aux Balkans
Quelques notes balkaniques résonnent aux confins du quartier grec. Ainsi, sur 31st St, on aura remarqué un Montenegro Grill et un discret Bosnian Burger… Et non loin de là, à l'angle de 28th Ave et Steinway St, une supérette bien approvisionnée en eau-de-vie de prune et autres nectars danubiens.

PIÉTONS, ATTENTION !

La toponymie du Queens présente quelques particularités qu'il vaut mieux connaître pour s'en sortir sans GPS. Primo, et contrairement à Manhattan, les avenues sont ici orientées est-ouest, les rues nord-sud, et la numérotation de ces dernières diminue à mesure que l'on "monte" vers le nord. Deuxio, 1st St se situe à l'ouest et 271st St, à l'est. Tertio, d'autres artères s'étirent parfois parallèlement aux avenues : les Roads et les Drives. Ainsi, en remontant 23rd St, on croisera d'abord 30th Dr, puis 30th Rd avant d'arriver sur 30th Ave. Enfin, sur les trottoirs, les numéros s'organisent d'une manière assez simple, avec un préfixe lié aux perpendiculaires voisines. Par exemple, le n°83-10 37th Ave se situe entre 83rd St et 84th St. Et le n°34-20 74th St se trouve quelque part entre 34th Ave et 35th Ave. Il fallait juste y penser !

Astoria Theater
Au carrefour de Steinway et de 30th Ave, un vaste théâtre construit en 1920 héberge désormais une pharmacie et une salle de fitness. C'est dans ce bel édifice que les Marx Brothers projetaient en avant-première leurs films tournés aux studios Kaufman Astoria voisins.

à l'œil mystique, pour déguster les tagines de Mustafa dont il serait criminel de se passer. Steinway Street abrite non seulement d'excellents restaurants, mais également une pâtisserie jordanienne, qui vaut à elle seule le voyage : **Laziza of New York** ㉒ (n°25-78). Ses douceurs délicates aux noix, miel, pistaches et amandes, aux couleurs parfois acidulées pétantes, sont à emporter ou à déguster sur place. Une petite marche vers le sud et la station *Steinway St* permettra d'éliminer – de sa conscience uniquement – ce petit écart sucré. On reprendra ensuite le métro [lignes R et V].

Delhi Motion

La mappemonde reprend sa course, et s'arrête à *Jackson Heights-Roosevelt Ave- 74th St-Broadway Station*, sur le **sous-continent indien.** Sur les trottoirs de Jackson Heights comme sur ceux de Delhi, on roule les "R" et on opine en dodelinant du chef.

Seules manquent les Ambassador et la mousson, car entre Roosevelt Ave et 37th Ave, la 74e rue ressemble à un bazar indien. Salons d'épilation au fil, diamants et bijoux en or "22 carats" chez **Mita Jewelers** ㉓ (n°37-30), chutneys savoureux, épices et légumes exotiques, juste en face, chez **Patel Brothers** ㉔ (n°37-27), saris éclatants chez **India Sari palace** ㉕ (n°37-07). Pour une plongée totale dans ce Bollywood américain, on fera provision de CD et DVD chez **Today's Music** ㉖ (73-09 37th Rd). Mieux, on se précipitera à l'Eagle Theater mitoyen, qui sous-titre en anglais les célèbres tragi-comédies musicales tournées à Bombay. C'est également autour de ce carrefour stratégique que l'on trouve les meilleurs *thali* et curries de la ville, loin devant – selon les spécialistes – les restaurants indiens "occidentalisés" de l'East Village ! Mention spéciale au **Delhi Palace** ㉗ (37-33 74th St) ainsi qu'au très simple **Jackson Diner** ㉘ (n°37-47).

Le barrio latino de Jackson Heights

Sans transition, les bars se succèdent sur Roosevelt Ave, qui prend vite un tour très latino. De 74th St jusqu'à Junction Blvd, le long du métro aérien, c'est un grand barrio qui se déploie désormais dans une surenchère d'enseignes multicolores, de néons et de haut-parleurs crachant à pleins poumons des rythmes hispanos : bachata, merengue, reggaetón… Qui se souvient des Juifs et des Italiens venus s'installer ici après avoir triomphé de l'insalubre promiscuité du Lower East Side ? Les barbiers dominicains succèdent aux fleuristes équatoriens ; dans les cafés, magasins et restaurants, branchés sans exception sur des chaînes latinas, le personnel comme parfois les clients, reste hypnotisé par les *telenovelas,* journaux en espagnol et retransmissions sportives. Insensibles au flot humain qui déambule à l'ombre du métro, trois saintes vierges clignotent, un poissonnier tranche son espadon et une jeune fille essaie sa robe rose de *quinceañera.* L'anglais n'est définitivement plus d'un grand secours dans ces parages hispaniques où tout est fait pour que les expatriés – qui le sont souvent plus longtemps que prévu – gardent le contact avec leur famille restée au pays. On ne fait

Gay life
Pétillants et métissés, les confins de Woodside et de Jackson Heights constituent depuis peu le second quartier gay de New York, et sans nul doute le plus latino. La preuve au Club Atlantis (76-19 Roosevelt Ave) et à la Friend's Tavern (n°78-11).

Passants sous le *Elevated Train,* dans le Queens

Quartier populaire de Jackson Heights

un tas d'herbes et de potions, dépuratives ou aphrodisiaques, et force bondieuseries.

S'il est l'heure de passer à table, on quittera Roosevelt Ave pour 37th Ave, où la cuisine est à l'honneur. Quelques exceptions américaines et japonaises survivent au milieu d'une abondance de grillades et d'empanadas.

On goûtera les yeux fermés aux pantagruéliques viandes argentines de **La Boina Roja** ㉜ (n°80-22), aux succulents poulets grillés de **Mario** ㉝ (n°83-02), ou aux soupes et aux ceviches de **Barzola** ㉞ (n°92-13), et, en guise de dessert ou en cas de grosse chaleur, aux batidos bien frais du **Palacio de los Cholados** ㉟ (83-18 Northern Blvd).

Le périmètre compris entre 75th St, 81st St, Roosevelt Ave et Northern Blvd a été partiellement classé "district historique". Les plus observateurs auront remarqué l'harmonie architecturale du quartier. Aménagés à partir de 1917 avec l'ouverture du métro aérien, ces élégantes **cités-jardins** de briques furent les premières du pays. Elles permettaient à leurs occupants, à l'époque majoritairement Irlandais et Ashkénazes, de jouir d'espaces verts privés, aménagés à l'intérieur de chaque block – donc invisibles de la rue.

Terminus à Chinatown

Mais la station *90th St – Elmhurst Ave* est toute proche, et il est temps

Cités-jardins
On ne peut malheureusement pénétrer à l'intérieur de ces cités-jardins privées qu'à l'occasion du Historic Jackson Heights Week-end, chaque année au mois de juin.

pas cent mètres sans tomber sur un vendeur de cartes téléphoniques, un comptoir de transfert d'argent ou d'envoi de paquets. Dans les call center scomme celui du **Banco del Austro** ㉙ (n°80-08), les familles déchirées par ces migrations économiques peuvent se retrouver en visioconférence. Et l'enseigne équatorienne **Comandato** ㉚ a ouvert un showroom à l'angle de 81st St. On peut y commander un frigo, une cuisinière ou un lave-linge. En quelques jours, la machine sera livrée jusque dans les villages les plus reculés des Andes ! Plus loin, au n°88-05, **El Indio Amazónico** ㉛ propose aux adeptes du paranormal de se hisser sur ses quais, afin de monter à bord de l'*International Express* – alias la ligne 7. Aérienne, celle-ci traverse Corona Heights, jadis italien et aujourd'hui 100% latino. Un quartier très populaire, où Louis Armstrong avait choisi de couler une paisible retraite. Les moins mélomanes resteront à bord, le regard perdu vers le **Flushing Meadows – Corona Park** ③⑥. Ce vaste espace vert fut aménagé pour l'Exposition universelle de 1939 à l'emplacement d'une zone marécageuse. Surnommée "Mount Corona", une immense décharge dominait ces étendues désolées, décrites par Francis Scott Fitzgerald dans *Gatsby le Magnifique*. Sur la gauche, par-delà le **Shea Stadium** ③⑦ et un paysage de purgatoire postindustriel, les avions se posent au ras de l'eau sur les pistes de LaGuardia. En arrière-plan: le Bronx.

Puis le métro rejoint son terminus, *Main St–Flushing*, au cœur du plus important Chinatown de New York. Terre d'asile, Flushing accueillit au XVIIe siècle les Quakers persécutés à Manhattan par Peter Stuyvesant. Et de nombreux esclaves fugitifs recouvrèrent ici leur liberté. Là encore, les Italiens et les Grecs sont partis, et on s'interpelle désormais en mandarin,

en coréen, en vietnamien… On parle de 70 000 Sino-Américains installés ici. Autour du métro, la prospère Main St et ses adjacentes évoquent un grand marché à ciel ouvert. Fruits exotiques et poissons séchés, champignons étranges et brioches fourrées, herbes médicinales (au **Shun An Tong Health Herbal Co** ③⑧ ; 135-24 Roosevelt Ave) et quotidiens cantonais. De mystérieux escaliers, tellement étroits que deux personnes ne peuvent s'y croiser, grimpent entre les échoppes. De vieilles crieuses battent le pavé en proposant magazines, matériel informatique et… "very cool massage". On se régalera de fruits de mer au **Spicy & Tasty** ③⑨ (39-07 Prince St), parmi les riverains asiatiques venus déjeuner en famille. À moins de préférer l'ambiance bourdonnante du **Flushing Mall** ④⓪ (133-31 39th Ave), un vaste centre commercial qui exhibe un choix pétrifiant de nourritures panasiatiques, de matériel électronique et de pop chinoise… Ainsi qu'un *wedding center* doté d'un vaste studio spécialisé dans les photos de mariage, le kitschissime **True Love Wedding Photography**.

On se croirait au cœur d'une ville moyenne. Une ville pas vraiment américaine. Mais pas complètement asiatique non plus.

Louis Armstrong
Au 34-56 107th St, la maison où Louis Armstrong vécut les 28 dernières années de sa vie est restée "dans son jus". Une émouvante visite guidée permet d'entrer – un peu – dans l'intimité du musicien. Des concerts sont donnés dans le jardin en été, et un jazz-club devrait prochainement ouvrir ses portes juste en face.

DÉPART : ANGLE SUD-EST DE CENTRAL PARK
ARRIVÉE : EMPIRE-FULTON FERRY STATE PARK, BROOKLYN
PRATIQUE : Un itinéraire à effectuer aux beaux jours, afin de profiter vraiment
de la fraîcheur salutaire dispensée en pleine ville par ces oasis inattendues.
En louant un vélo, on peut emprunter le Brooklyn Bridge et poursuivre la
balade à travers Brooklyn Heights, Fort Greene, Carroll Gardens.

NEW YORK VERT ET BIO
MARCHÉS ET JARDINS

Mythique et si photogénique avec ses pelouses moelleuses, ses allées bucoliques et ses plans d'eau, Central Park mérite qu'on lui consacre une journée entière. Mais il constitue aussi un excellent point de départ pour une balade verte en pointillé, de parc en parc, parmi les dizaines d'espaces verts de Manhattan. Car, aussi bétonnée soit elle, Big Apple ménage un nombre incroyable de trous de verdure comme autant de respirations. Vastes parcs et squares de poche, jardins communautaires, patios végétalisés et immeubles verts… la liste est longue et surprenante. De quoi s'extraire avec bonheur de la folie urbaine ! La Grosse Pomme apparaît donc plus verte qu'on ne l'imagine… et aussi plus bio. En effet, si l'American Way of Life évoque encore souvent – entre autres – malbouffe et repas avalés sur le pouce, les New-Yorkais ont toutefois développé un goût de plus en plus prononcé pour la bonne chère. Ils plébiscitent les tables raffinées et les chefs inventifs. Mieux, préoccupés comme on le sait par leur état de santé, ils s'engouffrent avec délice et frénésie dans la brèche bio. Les épiceries et supermarchés *organic* essaiment dans toute la ville, tout comme les Greenmarkets, dont les étals regorgent de fruits, légumes, laitages et autres produits frais chouchoutés à l'ancienne. Le plus important et le plus fréquenté s'installe en plein cœur de Manhattan, sur Union Square, quatre fois par semaine. Mais, du Bronx à Staten Island, en passant par Williamsburg et Astoria, près de cinquante marchés ont vu le jour ces dernières années.

✤ De Central Park ✤ aux microparcs ✤ de Midtown

Parmi les dizaines d'espaces verts de Manhattan, **Central Park**, le plus vaste et le plus mythique d'entre eux, est un bon point de départ. Rendez-vous à l'angle sud-est de Central Park, dominé par le vénérable **Plaza Hotel** ❶.

Laissant les calèches emmener les touristes pour une virée d'un autre âge, on emprunte la Cinquième Avenue vers le sud, l'espace de six blocks. Au cube de verre de l'**Apple Store** ❷, succèdent les luxueuses vitrines de Bergdorf Goodman, Louis Vuitton, Tiffany's…

Aussi rectiligne que ses voisines, 53rd St file à gauche vers Madison. Au n°3, s'ouvre un "vest-pocket park": le **Paley Park** ❸, une enclave secrète au cœur du bouillonnant Midtown, dont l'agréable écran d'eau, en toile de fond, couvre le bruit de la rue.

Vest-pockets parks
Poches de verdure destinées à "aérer" la ville, les "vest-pockets parks" ont poussé sur des parcelles abandonnées ou impropres à la construction. Ils mesurent moins de 1 hectare… Un peu plus que la poche d'une veste !

Quelques tables et chaises disposées sur les pavés, des murs couverts de lierre formant de chaque côté un jardin vertical : ce lieu public occupe le site de l'un des plus célèbres clubs new-yorkais : le très glamour Stork Club, démoli en 1966, fréquenté autrefois par Hemingway, Chaplin, Sinatra, Monroe, les Kennedy ou encore le duc et la duchesse de Windsor. L'endroit s'avère idéal pour passer un coup de fil ou déguster un hot dog aux beaux jours lorsque le kiosque lève son rideau et que le feuillage léger des acacias prodigue une impression de fraîcheur salutaire.

Le long de la 57e : plongée dans l'East River

Ragaillardi, on ressort de cette jolie tanière pour rejoindre Madison, que l'on remonte vers le nord jusqu'à 57th St. On tourne alors à droite – admirant au passage, au

UNE FORÊT À HARLEM

C'est à l'extrême nord de Manhattan, au confluent de l'Hudson et de la Harlem River. **Inwood Hill Park** est une "vraie" forêt bien vallonnée qui évoque ce que pouvait être l'île avant l'arrivée des Européens. Feuillus et conifères, sentiers et rochers… On y entend le chant des oiseaux et le bruissement des écureuils. Des hauteurs, une vue splendide embrasse l'Hudson. En contrebas, péniches et remorqueurs fendent doucement l'eau verte tachetée d'écume. L'océan est proche. Cette oasis oxygénée se mérite ! Il faut, pour l'atteindre, emprunter la ligne A jusqu'à son terminus : *Inwood – 207th St*, remonter West 207th St, puis se glisser entre l'aire de jeu et les courts de tennis. Après une grimpette assez sportive, on musarde avec délice dans le sous-bois silencieux.

n°41, la façade Art déco du **Fuller Building**  – jusqu'à **Park Ave**, qui doit son nom au long terre-plein central piqué d'arbustes et de bégonias qui la partage en deux. L'avenue traversée, on continue notre exploration de 57th St, où se cache, un peu plus loin sur le trottoir de gauche, un autre parc de poche : le **Cohen Park** , à l'atmosphère plutôt *eighties*. Quelques bambous apportent une note végétale à cette composition géométrique au mobilier rouge et noir. Ici aussi l'eau glisse sur la pierre dans un agréable bruissement qui éloigne la rumeur de la ville. En 2001, ce parc a été dédié aux frères Cohen, de célèbres promoteurs qui ont contribué à métamorphoser la Troisième Avenue voisine en y implantant de nombreux et luxueux immeubles résidentiels. Plus loin dans la rue, la vitrine de l'ahurissant **Gotta Have It !** , véritable caverne d'Ali Baba pour mélomanes fétichistes et fans fortunés. Où trouver, sinon ici, une guitare de Neil Young, un manuscrit de Mick Jagger, un vinyle dédicacé par les Beach Boys, une photo de Joe di Maggio, une autre de Bob Dylan, un

Paley Park

Roosevelt Island
Au beau milieu de l'East River, entre Manhattan et le Queens, Roosevelt Island abrita d'abord un pénitencier, des hôpitaux et un asile, avant de se transformer en quartier résidentiel pour classes moyennes.

autographe de Michael Jordan… ? À partir de 2nd Ave, le trafic se calme. Entrelacs végétaux, angelots et motifs médiévaux ornent de belles façades de brique sur ce tronçon de 57th St, qui se termine en cul-de-sac, ou plutôt en balcon sur l'East River.

Un **petit square** ⓻ clôt la rue. Piqué d'un arbre, d'un réverbère, d'un bac à sable, et d'un curieux sanglier en bronze dont on n'apprendra rien, il se trouve coincé entre deux jardins privés où l'on aimerait bien prendre le soleil. C'est un quartier bien chic. D'ailleurs, la population du parc est essentiellement composée de nounous qui papotent en russe ou en espagnol

tout en admirant le **Queensborough Bridge**, son téléphérique rouge, et **Roosevelt Island,** presque à portée de voix. De 54th St à 59th St, toutes les rues se terminent de la sorte, en impasse rehaussée d'un petit square semblable, disposant parfois de tables pour jouer aux échecs. Autant de paradis miniatures – à l'ombre en fin de journée – pour contemplatifs matinaux.

Descente aux Nations unies

Après avoir profité de cet instant suspendu, on reprend Sutton Place vers le sud, jusqu'à 53rd St qui forme avec elle un triangle fleuri un peu bruyant, longé par la FDR Drive qui vrombit au ras des rosiers. On grimpe cette 53e rue dans des effluves de blanchisserie, puis, à gauche toute dans 1st Ave. Un fleuriste colore l'angle de 52nd St. Un block plus loin, on bifurque à droite dans 51st St. Un clin d'œil aux **Deux Amis** 8, minuscule restaurant tassé entre deux immeubles, et, sur le trottoir de droite, on aborde le **Greenacre Park** 9, considéré comme le plus abouti des "vest-pocket parks". On y retrouve tous les ingrédients désormais classiques – cascade, tables et chaises, kiosque approvisionné en sandwichs, yaourts et jus de fruits frais… Et peut-être un supplément d'âme. Est-ce sa terrasse surélevée, où viennent prendre leur pause les gardiens des immeubles environnants ? Ou ces magnifiques rhododendrons et ces féviers aux reflets d'argent ? On ne peut faire autrement que de s'accorder cette pause méritée que l'on repoussait d'heure en heure. Devant un verre de thé glacé, on se perd dans la contemplation des promeneurs qui flânent dans ce petit paradis façonné en 1971. Et l'on se souvient qu'il n'aurait jamais existé sans la volonté d'une certaine Abby, fille aînée du richissime philanthrope John D. Rockefeller Jr, qui souhaitait créer "des moments de sérénité dans ce monde agité".

S'arrachant avec peine à la douce torpeur qui nous envahissait, on rebrousse chemin vers 2nd Ave. En direction du sud, on croise au n° 940 le magasin **2nd Avenue Farm** 10, un "cours des halles" aux fleurs vives et aux fruits bien lustrés. Puis les arbustes têtus de la Sterling Plaza, à l'angle de 49th St et de 2nd Ave. À la hauteur de 47th St, on redescend vers l'East River. Au bout, à l'angle de 1st Ave, s'ouvre la Dag Hammarskjöld Plaza, petite esplanade qui rappelle le souvenir du deuxième Secrétaire général de l'ONU. Juste en face, le **jardin des Nations unies** 11 et ses sculptures réalistes bordent la rivière. Redescendant 1st Ave, on longe la longue succession de drapeaux figurant les pays-membres par ordre alphabétique, de l'Afghanistan au Zimbabwe.

Ambiance british sur la 42^e

Au niveau de 43rd St, une volée de marches mène sur la droite au **Tudor City Greens** 12, joli parc à l'ambiance très british, cerné de hautes façades néogothiques à pilastres et quadrilobes. Une atmosphère étrange baigne ce jardin sauvage aux faux airs de cimetière anglais

DES MARCHÉS "PAYSANS" AU CŒUR DE LA GROSSE POMME

Longtemps symbole de la malbouffe, avec des New-Yorkais engloutissant en cinq minutes sandwichs et repas sans saveur, la Grosse Pomme se met enfin à table. Mieux : au bio ! Épiceries et supermarchés *organic* ne désemplissent pas, et les Greenmarkets ou Farmer's Markets se multiplient. En 2008, on recensait 45 de ces marchés durables fondés en 1976, dont 26 à Manhattan. On y trouve des fruits et légumes, mais aussi du pain, du lait, du miel, des bacs à compost, des containers de recyclage textile. Le plus important se tient sur Union Square quatre fois par semaine. Le

principe : assurer aux habitants un approvisionnement en denrées fraîches tout en soutenant les petits producteurs des environs dans une démarche écoresponsable. Les New-Yorkais gourmets et locavores* apprécient et en redemandent.

* Nouvelle tendance au succès croissant le mouvement "locavore" fédère ceux qui refusent de consommer tout aliment produit à plus de 100 miles (160 km) de chez eux, afin, notamment, de réduire les émissions de CO_2 liées au transport des marchandises.

peuplé de fougères. L'hiver, une neige immaculée blanchit ce décor féerique d'où émergent de petits réverbères. Le parc est coupé en deux par la profonde "tranchée" de 42nd St, à laquelle on accède en dévalant un double escalier bordé d'aires de jeu pour enfants. Au 320 42nd St, le vaste patio du Ford Foundation Building, inondé de lumière naturelle, sert d'écrin à un luxuriant jardin d'hiver, l'un des premiers du genre à Manhattan, et peut-être le plus séduisant.

On poursuit sur 42nd St jusqu'à **Grand Central** ⑬, gare mythique de Manhattan, d'où l'on attrapera un métro express [ligne 4 et 5] pour rejoindre 14th St – Union Sq. L'occasion de noter que le métro, lui-même, se met au développement

durable : il recycle l'énergie dégagée au freinage.

Union Square, paradis bobo du bio

Dès la sortie du métro, on tombe nez-à-nez avec l'**Union Square Green Market** ⑭, *le* marché paysan de Manhattan. De 8h à 18h, les lundi, mercredi, vendredi et samedi, les producteurs s'installent à ciel ouvert, le long de Broadway, entre 14th et 17th St. Ça sent bon le frais, et pour cause. Chaque saison amène son lot alléchant de tomates, salades, carottes, choux-fleurs, courges de toutes les couleurs, racines, tubercules, framboises, groseilles qui séduisent les amateurs de produits frais et authentiques...

Majoritairement "bobo", la clientèle plébiscite également les étals de poissons et de crustacés, de fromages de chèvre, de sirops naturels, de miels et de lait bio et de bretzels faits main. On peut même apporter ses épluchures et les jeter dans le bac à compost… entre un stand de T-shirts altermondialistes et une collection de bougies en cire d'abeille. Tous ces producteurs, installés dans les environs directs de la Grosse Pomme, attirent d'ailleurs les adeptes du "manger local" : les locavores.

Si le marché est fermé, on peut toujours se ruer juste en face, chez **Whole Foods** 15, où tout n'est pas bio mais "100% naturel" – une nuance parfois difficile à saisir ! Dans les rayons de cet hypermarché "vert", on trouve en abondance un tas de choses plutôt bonnes – et pas seulement pour la santé : de la papaye bio aux sachets de graines et fruits secs en passant par du dentifrice aux huiles essentielles. Au fond du magasin, une brigade de traiteurs préparent un large choix de plats à emporter ou à consommer sur place, à l'étage, dans la cafétéria avec vue sur la place et l'Empire State Building.

Gramercy Park
Il faut une clé pour franchir la grille du délicat Gramercy Park, le dernier parc privé de Manhattan. Seuls quelques élus du voisinage ont accès à ce précieux sésame, dont les hôtes du Gramercy Park Hotel.

D'Union Square à Chinatown par le Sara D. Roosevelt Park

Union Square est parfois rattaché à la constellation des "four squares", avec **Madison Square Park**, au nord, dominé par l'angle aigu du Flatiron ; le croquignolet **Gramercy Park** et **Stuyvesant Square** ⑯, à l'est, auquel on accède en parcourant trois blocks sur East 15th St : ce carré de verdure cerné par la plus ancienne palissade en fonte de New York occupe un lopin de terre vendu à la ville pour seulement… cinq dollars ! C'était en 1836. À l'intérieur, se côtoient paisiblement deux fontaines, une statue du musicien Antonín Dvorak, qui vécut dans le quartier, et surtout de magnifiques parterres fleuris, ainsi que quelques vieux ormes et de vénérables tilleuls.

Du Stuyvesant Park, via 2nd Ave et l'East Village, le bus n°15 rejoint Houston St. Le **Whole Foods Market** ⑰, sis au rez-de-chaussée du luxueux Avalon Chrystie Place (95 E Houston St) est moins approvisionné que celui d'Union Square, mais il abrite un centre culinaire qui dispense des cours de cuisine. Au sud de Houston St, le long de Chrystie St, s'étire le **Sara D. Roosevelt Park** ⑱**,** une longue enfilade d'aires de jeux pour enfants avec toboggans, chameaux et autres mammifères montés sur ressorts, de terrains de sport en gazon synthétique et de petits jardins communautaires, telle une friche poétique plantée au cœur des confins rugueux du Lower East Side, de NoLita et de Chinatown.

Au niveau de Delancey St, on aperçoit sur la gauche le pont de Williamsburg. Puis de l'autre côté de la rue, parmi les enseignes asiatiques, on salue le magasin **Bulbs World** ⑲ (121 Chrystie St), où l'on doit trouver à peu près toutes les ampoules du monde. Chinatown s'annonce dès la seconde moitié du parc.

Passage en douce dans Chinatown

En quittant le parc, par la sortie sud, on contournera méthodiquement – dans le sens inverse des aiguilles d'une montre – l'entrée du pont de Manhattan, par les trottoirs de Canal St et The Bowery. Là, Bayard St et Mott St s'immiscent dans le ventre de **Chinatown** : petites échoppes serrées d'herboristes, de bouchers, de bijoutiers, salons de beauté en sous-sol, et peut-être l'une des meilleures tables vietnamiennes de la ville : **Doyer's** ⑳, adresse anonyme située dans la minuscule Doyers St.

En pente douce, Mosco St débouche sur **Columbus Park** ㉑, un îlot de tranquillité qui oscille entre basket et tai-chi. Des petits vieux en casquette jouent aux échecs chinois, des grands-mères se promènent leurs petits-enfants sur leur dos. On y sent un peu plus la fumée de cigarette qu'ailleurs. Inauguré en 1897, ce jardin fut dessiné, comme Central Park, par Calvert Vaux. Il s'agissait de nettoyer le quartier de Five Points, surnommé Murderers Alley, sombre tache de violence et d'insalubrité en plein cœur de New York, peuplée de familles venues d'Irlande et d'Europe centrale. Difficile d'imaginer que cette petite langue de verdure fut à l'époque l'un des parcs les plus vastes de la ville !

Civic Center et City Hall, au cœur du quartier administratif

Par Worth St, on atteint le **Thomas Paine Park** ㉒ – ex-Foley Square – situé à la place de l'ancien cloaque, et désormais au cœur d'un Civic Center néoclassique avec frontons et colonnades, érigé dans les années 1920. Au sol, cinq médaillons de bronze rappellent quelques épisodes historiques de sinistre mémoire du quartier.

Et tout près de là, à l'angle d'Elk St et de Duane St, une épaisse pelouse entoure l'**African Burial Ground** ㉓, un mémorial érigé en l'honneur du cimetière hors-les-murs de Trinity Church, où furent inhumés entre 1690 et 1790, plus de 15 000 Africains,

Collect Pond Park
Au nord de l'actuel Civic Center, il y avait au XVIIIe siècle un étang alimenté par une source souterraine. Mais ce joli point d'eau fut bientôt pollué par les équarisseurs, brasseurs et tanneurs des environs, au point de devenir un égoût à ciel ouvert… que l'on combla en 1811 en arasant une colline voisine.

City Hall
Si la façade et les pignons du City Hall sont de marbre blanc, l'arrière du bâtiment, moins exposé aux regards, a conservé son grès rouge d'origine.

esclaves ou affranchis. Cette nécropole fut redécouverte en 1991, à l'occasion des travaux de fondation d'un immeuble fédéral. Les ossements de 400 personnes sont conservés dans ce monument de granite circulaire surnommé "la porte du retour", en référence à l'embarcadère de l'île de Gorée, au Sénégal, baptisé par les esclaves "la porte du non-retour". Elk St est interdite aux voitures, mais on peut l'emprunter à pied pour rejoindre le City Hall Park, qui entoure la mairie de New York et ses dépendances.
Le **City Hall** 24, de style français, abrite depuis 1811 le siège du conseil municipal de la ville dont il marquait, à l'époque, la limite nord ! La pelouse est semée de pierres qui évoquent les ruines d'édifices disparus, comme la prison coloniale britannique de Bridewell, non loin de la statue de Nathan Hale, patriote capturé et pendu pour espionnage par les Anglais en 1776, non sans avoir prononcé ces mots : "Je regrette seulement de n'avoir qu'une seule vie à offrir à ma patrie".

Envolée vers Brooklyn

Depuis le parc, la perspective sur le pont de Brooklyn est magnifique. On l'empruntera en prenant bien garde aux cyclistes dont la piste frôle l'allée des piétons, avant de descendre à la première volée de marches, en direction de Dumbo, pour rejoindre

DEUX ROUES DANS LA VILLE

Le **Manhattan Greenway** en promet toujours plus pour les prochaines années. En attendant, on peut déjà pédaler sur les quelque 200 kilomètres de pistes réservées aux cyclistes… et quasiment boucler le tour de l'île, voire musarder à Brooklyn, via le Brooklyn Bridge. Tranquillité assurée à Central Park et Prospect Park, mais quelques tronçons valent également le détour, et notamment le Riverside Park, le long de l'Hudson, dont la Cherry Walk caresse au printemps les cerisiers en fleurs. Notez que l'on peut prendre le métro *avec* son vélo.
N'oubliez pas votre casque, et retenez que Manhattan n'est pas si plat qu'il en a l'air !
Où louer un vélo ?
Central Park Bicycling Tours & Rentals : 2 Columbus Circle
Gotham Bikes Downtown : 112 West Broadway, entre Duane St et Reade St
Manhattan Bicycle : 791 9th Ave, entre 52nd et 53rd St
Sixth Avenue Bicycles : 545 6th Ave
Toga Bike Shop : 110 West End Ave, entre 64th St et 65th St
Dixon's Bicycle Shop : 792 Union St, entre 5th St et 6th Ave (Park Slope)
Recycle-a-bicyle : 55 Washington St (Dumbo)

l'**Empire- Fulton Ferry State Park** 25,
dont l'une des entrées se trouve à l'angle
de Main St et Plymouth St, l'autre à
l'angle de Dock St et Water St. Ce
site exceptionnel, où accostaient les
ferries avant la construction du pont,
ménage une vue époustouflante sur
Manhattan, au ras de l'eau. Bercé
par la brise marine et le clapotis de
l'eau, ce paisible coin de verdure
est une véritable bouffée d'air face
à l'agitation de Manhattan. Là,
le rythme ralentit, le bruit de la
circulation s'éloigne, le calme reprend

ses droits – brisé seulement de temps
à autre par le fracas du métro aérien
accroché au pont de Manhattan.
À savourer pendant des heures, en
particulier au crépuscule.

Central Park : respirez, pique-niquez, soufflez !

Une visite ne suffira pas ! Pensé comme une succession de tableaux naturalistes en plein cœur de la cité, **Central Park** aligne trop de paysages, d'édifices et de curiosités issus de l'imagination de l'homme… Ou plutôt des hommes ; deux passionnés de nature : le journaliste Frederick Law Olmsted et l'architecte-paysagiste Calvert Vaux. Leur projet emporta les suffrages en 1857, et pendant près de vingt ans, 20 000 ouvriers transformèrent d'anciens marécages en un rectangle vert de 340 hectares, long de cinquante blocks et large de trois.

Depuis son inauguration, Central Park fait l'unanimité, mélangeant les New-Yorkais et attirant les touristes sur ses sentiers bucoliques. Impossible d'envisager la ville sans ce parc central, divisé en deux par un immense "réservoir" aux eaux bleu foncé. La partie nord, assez sauvage, s'avère plus tranquille notamment le week-end. Mais c'est au sud que l'on trouvera la plupart des sites et des attractions.

Depuis l'angle sud-est, derrière la statue dorée du General Sherman, l'**East Drive** longe le petit étang simplement baptisé **The Pond** qui précède la **Wollman Rink**, patinoire ouverte de novembre à mars. Sur la droite apparaît bientôt le **Central Park Wildlife Center**, dont les pensionnaires, comme ceux du Children's Zoo voisin, raviront les enfants.

En progressant vers l'intérieur du parc, on rejoindra la verte pelouse de **Sheep Meadow**, jouant le contraste avec la skyline en toile de fond, ou emprunter **The Mall**, majestueuse promenade ombragée par des ormes centenaires. Cette allée débouche sur le **Naumburg Bandshell**, un kiosque à musique en forme de conque, tout proche du **Rumsey Playfield** où se tiennent, l'été, les grands concerts gratuits du Central Park SummerStage. Au bord du **Lake**, le délicat *Ange des Eaux* répand sa sérénité sur la **fontaine Bethesda.** Les petits – et grands – enfants chemineront vers l'est, du côté de **Conservatory Pond**, communément appelé Boat Pond. Les statues d'*Alice au pays des Merveilles* et d'*Andersen* veillent sur ce petit étang où régatent le samedi des bateaux miniatures… que l'on peut louer juste devant le **Krebs Memorial Boathouse**.

À l'ouest de la fontaine Bethesda, un chemin part vers le **Bow Bridge**, pont suspendu qui relie les rives du lac. De l'autre côté, le couvert forestier du **Ramble** attire toutes sortes d'oiseaux et d'ornithologues. Toujours plus au nord, le **Belvedere Castle**, un drôle de pastiche médiéval, abrite le centre d'observation météorologique de la ville. Et offre une vue splendide sur le **Delacorte Theatre**, théâtre en plein air où sont données, aux beaux jours, des représentations gratuites de pièces de Shakespeare.

En contournant le **Turtle Pond** par l'est, on accède à la vaste pelouse de la **Great Lawn**, idéale pour le pique-nique et la sieste. À l'ouest : l'**American Museum of Natural History** et son Planétarium ; à l'est : le **Metropolitan Museum of Art** ; au nord : d'autres pelouses, d'autres plans d'eau, et une incroyable statue de Duke Ellington au piano, entouré de muses. Bonne promenade !

DÉPART : PIER 86, À HAUTEUR DE 46TH ST
ARRIVÉE : RED HOOK
PRATIQUE : 20 $, c'est le prix du pass adulte à la journée pour monter à bord
du water-taxi. Mais sachez que depuis South Street Seaport, l'Ikea Express,
gratuit, vous mènera toute l'année vers le quartier qui monte de Red Hook.

D'UNE RIVE À L'AUTRE :
DE L'HUDSON À L'EAST RIVER

On l'oublie parfois, mais Manhattan est une île. Et le Queens, tout comme Brooklyn, occupe la partie occidentale de l'île voisine de Long Island. Baignée par l'Hudson et l'East River et par une large baie ouverte sur le large, New York ressemble, vue du ciel, à un puzzle de terres entourées d'eau. D'ailleurs, les plus grands paquebots transatlantiques ont longtemps accosté sur les quais de cette cité née d'un océan à qui elle doit sa bonne fortune… Et à laquelle elle a pourtant fini par tourner le dos. Jetées abandonnées, docks en déshérence, trafic maritime au point mort laissaient présager le pire. Heureusement, depuis quelques années, la ville renoue avec son littoral. Elle soigne sa façade maritime, dessine des rubans de verdure constellés d'aires de loisirs et de *dog parks* le long de l'Hudson, réhabilite ses vieux *piers*, aménage d'anciens entrepôts, des pistes cyclables… Résultat : des promenades vivifiantes et des panoramas époustouflants, tandis que les water-taxis permettent de sauter d'une rive à l'autre en quelques minutes pour prolonger encore un peu la balade.

De l'autre côté de l'East River, Brooklyn relooke également son front de mer, et l'ancien repaire de dockers de Red Hook devient *the place to be*. Et plus loin encore, entre la longue plage de sable blond et une collection de manèges désenchantés, les "planches" de Coney Island distillent toujours le charme désuet d'une station populaire. Tandis qu'à quelques encablures, d'autres anses dorées s'offrent aux baigneurs, et même aux surfeurs…

⚜ L'Hudson de Pier en Pier

Impossible de rater l'**USS Intrepid** ❶ : ce porte-avion amarré au Pier 86, au niveau de 46th St, dresse ses flancs gris en travers des rives de l'Hudson ! Il a servi pendant la Seconde Guerre mondiale, ainsi qu'au Vietnam, et a même participé à des missions de récupération de capsules spatiales. Aujourd'hui, l'*Intrepid*, transformé en musée, offre aux passionnés de guerre et d'espace d'inoubliables émotions : avions de chasse, hélicoptères, tanks, torpilleurs… et quelques "souvenirs" en forme de médailles, de certificats, d'uniformes, etc. À ses côtés, l'*USS Growler* se targue d'être le seul sous-marin lance-torpilles ouvert toute l'année au public.

En direction du sud, la voie piétonne littorale trouve peu à peu ses marques entre les docks et 12th Ave. Sur la gauche, passé l'immense **Jacob Javits Convention Center** ❷, survolé par des nuées de mouettes, le paysage urbain chaotique du West Side laisse de belles trouées par lesquelles le regard s'engouffre jusqu'à l'Empire State Building, au cœur de Midtown. Soudain, la **Highline** révèle sa ceinture métallique à hauteur de 34th St. Inaugurée en 2009, cette ligne ferroviaire aérienne désaffectée est, après celle de Paris, la deuxième promenade plantée du monde. Elle serpente jusqu'au très hype Meatpacking District, vingt blocks plus bas, en traversant le quartier *arty*

de Chelsea, où se côtoient pêle-mêle galeries d'art, parkings et entrepôts. Au ras de l'Hudson, les *piers* se succèdent. Quelques centimètres carrés de sable apparaissent parfois entre deux jetées – pas de quoi se mettre à l'eau ! Aux alentours de 30th St, de hautes palissades cachent l'héliport d'où l'on décolle pour admirer Big Apple d'en-haut… moyennant une somme qui s'envole, elle aussi, assez vite. Sur le plancher des vaches, des aires de pique-nique aux allures de sculptures contemporaines ponctuent la promenade au niveau de 29th St. Et l'on parvient aux **Chelsea Piers** ❸, le port de New York où accostaient les paquebots à la grande époque des transatlantiques. Aménagé en 1910, il connut des moments de gloire mais aussi des heures sombres. C'est notamment en avril 1912, au Pier 59, que les passagers du Titanic auraient dû débarquer. Là même où les familles vinrent prendre des nouvelles de leurs proches et accueillir les rescapés secourus par le *Carpathia*.

Aujourd'hui les Piers 59 à 62 abritent désormais un vaste complexe de loisirs (12 ha), avec terrains de golf, de basket, de base-ball, de tennis, murs d'escalade, piscines, solariums et centres de fitness… Le tout avec vue sur l'Hudson. De l'autre côté de la Highway, magnifique et translucide, l'**IAC Building** ❹ dessiné par Frank Gehry, évoque un iceberg. Coïncidence ? En 1915, c'est du Pier 54 qu'appareilla le *Lusitania,* torpillé

Hudson River Park

au large des côtes irlandaises par la marine de guerre allemande. Il ne reste de cet embarcadère qu'un large portique rouillé qui en indique l'entrée, et une plate-forme de béton nue posée sur l'eau. Toute activité portuaire cessa en 1967. On remarque ici et là des têtes de pilotis à peine émergées, vestiges d'une autre époque, parfois retaillées en sculptures zoomorphes.

Le Meatpacking District et Tribeca

Toujours vers le sud se déroule l'**Hudson River Park**, un étroit tapis vert de 8 km de long s'étendant entre 59th St et Battery Pl, où se côtoient déjà cyclistes, joggeurs, rolleurs et piétons – avec ou sans chien. Ce parc, dont les premières portions naquirent il y a 10 ans, connaît aujourd'hui ces tout derniers aménagements. Il a été conçu pour redonner à la ville un littoral digne de ce nom. Les installations culturelles et sportives se succèdent, tout comme les *dog parks* (parcs à chiens) et les jetées réhabilitées avec pelouses et promenades. Les beaux jours attirent un tas de concerts en plein air. Et, détail qui a son importance : les toilettes publiques sont irréprochables, même chez les messieurs, où l'on

**Meatpacking/
Gansevoort**
Avant de
devenir le
quartier le plus
branché de
Manhattan,
puis de se
voir classé
et protégé,
Gansevoort
Market – alias
le Meatpacking
District – et
ses dizaines
d'abattoirs
menait une
double vie :
marché de
viande en gros
la journée,
et épicentre
de la vie gay
underground
la nuit.

trouve – ô surprise – des tables à langer ! Au niveau de Little West 12th St, un immeuble de style Le Corbusier surgit comme un grand livre ouvert. C'est le **Standard Hotel** ⑤ pensé par André Balazs. Posé sur de fins piliers de béton, cet établissement qui s'annonce à la fois hyper branché et abordable enjambe littéralement la Highline et domine le quartier du **Meatpacking District**, où une faune très *"Sex and the City"* plébiscite les chinoiseries culinaires signées "Jean-Georges" du Spice Market (403 W 13th St), les boots de chez Iris (827 Washington St) et les vitrines de créateurs aux prix prohibitifs. Même si quelques grossistes bougent encore dans le Meat Market couleur de sang situé juste avant Gansevoort St.
Au bord de l'eau, la végétation s'épaissit, isolant avec bonheur la promenade de la très empruntée West St. Un étrange immeuble rouge, d'inspiration italo-mauresque, domine le quartier à hauteur de West 11th St. Puis on quitte en douceur le Meatpacking pour **Tribeca,** en effleurant Christopher St et le West Village. Face à l'embouchure de West Houston St, le Pier 40 a troqué le cœur de son immense parking d'autobus contre un terrain de sports bien vert. On passe ensuite sans s'en apercevoir au-dessus du Holland Tunnel, qui rampe à 28 mètres sous l'Hudson ; son emplacement étant seulement marqué par une insolite construction en forme de H, qui abrite

un puissant système d'aération doté de ventilateurs mesurant 24 mètres de diamètre !
Sur la rive opposée, son jumeau monte la garde devant la scintillante **skyline du New Jersey**, à droite de laquelle s'affiche en grosses lettres un nom qui claque au vent comme un cri de guerre indien : LACKAWANNA, celui de la gare ferroviaire et maritime d'Hoboken.

Le long de l'esplanade du Battery Park City

À un petit kilomètre de là, passé Harrison St, on aborde alors le secteur de **Battery Park City** ⑥ , en suivant au plus près le littoral qui vire à droite. Le quartier a été gagné sur l'Hudson grâce aux centaines de milliers de mètres cubes de terre extraits du chantier du World Trade Center, dans les années 1970. Ce remblai porte aujourd'hui un quartier magnifique, dont les immeubles massifs aux courbes douces sont percés de nombreuses ouvertures pour profiter au mieux de la vue imprenable.
Face à l'Hudson, caressé par la brise marine, on rêvasse en cherchant du regard la statue de la liberté, tandis que des enfants jouent sur les animaux de bronze déposés là par le sculpteur Tom Otterness, et que quelques passionnés disputent une partie de billard en plein air.
Au départ de Vesey St se dresse l'**Irish Hunger Memorial** ⑦ , dédié à la grande famine qui tua des milliers d'Irlandais et en attira des millions

vers le Nouvau Monde. Les pierres, la terre et la végétation qui composent ce petit morceau de paysage celtique ont été importées… d'Irlande. On longe ensuite les arrières du World Financial Center jusqu'à **North Cove**, une petite marina où est ancré le *Nantucket Lightship,* un bateau-phare tout rouge converti en yacht luxueux ouvert aux fêtes privées. Surnommé "l'Ange gardien de l'Atlantique nord", ce navire construit en 1950 est le dernier d'une série de bateaux-phares permettant aux navires de se repérer dans les redoutables hauts-fonds de Nantucket, au large des côtes du Massachussets. Ici s'arrêtent les **water-taxis**, petites vedettes jaunes à damier qui cabotent autour de Manhattan, tandis qu'au large, les *Frank Sinatra* ou *Christopher Columbus,* vedettes des New York Waterways, accomplissent leurs croisières de deux heures sur l'Hudson et l'East River.

À l'angle sud-est de la marina s'élève le **New York Police Memorial** ⑧, une stèle élevée à la mémoire des

forces de l'ordre disparues dans les décombres des Twin Towers. Quelques enjambées plus loin, de jolis canots rouges se balancent à **South Cove**, un autre port de poche festonné de lanternes bleues. Puis les pelouses manucurées du **Robert F. Wagner Park** mènent au **Pier A**, embarcadère en souffrance, posé sur l'ultime jetée du Lower West Side. Cet édifice blanc et vert, au campanile orné depuis 1919 d'une grosse horloge, attend désespérément sa restauration… et sa reconversion trop prévisible en galerie commerciale.

Sur la pointe de Manhattan

Un peu plus loin, des colonnes de touristes s'entassent au départ des ferries pour Staten Island, Ellis Island et Liberty Island. Sur la gauche, la citadelle circulaire de **Castle Clinton** ⑨ n'a plus vocation à protéger la ville contre la marine britannique.

Water taxis
La ligne de water-taxi la plus intéressante contourne Manhattan via : West 44th St, West 27th St, Christopher St, le World Financial Center, Battery Park, South Street Seaport, Fulton Ferry Landing (Dumbo), Hunters Point et East 34th St. Le "one-day pass" coûte 20 $ par adulte.

Après avoir accueilli successivement un théâtre, un centre de contrôle des immigrants – avant Ellis Island – et l'aquarium de New York, elle s'ouvre aujourd'hui tout simplement aux passionnés d'histoire et d'architecture militaire. Tout autour, **Battery Park** regorge de mémoriaux : roses du **Hope Garden** dédiées aux victimes du sida, **Peace Sphere** cabossée témoignant de la violence du 11-Septembre – elle trônait au cœur du World Trade Center, litanie des combattants disparus en Corée sur les pages de pierre du **New York Korean War Memorial**… Tandis qu'un peu plus loin, un aigle rappelle la Seconde Guerre mondiale, dans ses dates américaines : 1941-1945.

Entre vendeurs de T-shirts et marchands de bonbons, on traverse le parc en direction de l'immeuble étincelant et convexe situé au 17 State St, et dont le rez-de-chaussée abrite le **New York Unearthed**, un petit musée archéologique qui rassemble tous les objets, essentiellement du XIXe siècle, découverts lors de la mise en chantier des différents quartiers.

Remontée le long de l'East River

Pour éviter de longer l'inhospitalière et néanmoins côtière South St, qui

ELLIS ISLAND, PORTE DU NOUVEAU MONDE

Douze millions d'immigrants transitèrent par cette île de 1892 à 1954. Le musée de l'Immigration (entrée libre ; ferry adulte/senior/enfant12/10/5 $; ferries 9h30-15h, parc ouvert jusqu'à 17h) propose une version simplifiée de l'expérience que vivaient ces exilés du Vieux Continent, poussés par la misère et les pogroms sur les ponts inférieurs des transatlantiques. À l'arrivée, les familles étaient séparées : hommes d'un côté, femmes et enfants de l'autre. Les formalités ne duraient généralement que quelques heures à l'issue desquelles seuls les malades et les criminels avérés voyaient se refermer les portes du Nouveau Monde. La plupart – dont de nombreux célibataires venus tenter leur chance en éclaireur – y entraient avec le rêve américain en tête, quelques dollars en poche et un patronyme parfois écorché. Expositions, visites guidées, audioguide avec témoignages d'immigrants, projection gratuite et pièce de théâtre *Embracing Freedom*, jouée 5 fois par jour.

ne laisse qu'un maigre trottoir aux piétons, il est préférable de remonter par Water St vers les hauts buildings de Wall St et, au-delà, jusqu'à Fulton St. Arrivé à hauteur de Fulton St, on tournera à droite afin de découvrir **South Street Seaport** ⑩, un petit carré de rues piétonnes qui rappellent l'ambiance portuaire d'autrefois. Même si le marché au poisson a rangé ses casiers pour s'installer dans le Bronx, on sent ici le vent du large et le passé maritime de cette ville née de la mer, ne l'oublions pas. Et l'on ressort sur les quais au niveau du **Pier 17**, qui abrite une vaste galerie commerciale sur trois étages, et quelques restaurants avec vue sur Brooklyn, juste en face, et son fameux pont, sur la gauche. Ce spot agréable – quoique très touristique – abrite aussi une demi-douzaine de vieux gréements,

dont le fabuleux **Peking** ⑪, ouvert au public depuis 1996.

De l'autre côté de l'East River : Red Hook

On poursuivra cette balade littorale en rebroussant chemin vers le sud et le **Pier 13** ⑫. À partir de 13h, un *water-taxi* y appareille toutes les 20 minutes, direction Red Hook, où trône depuis 2007 un énorme magasin IKEA tout bleu. Alors, même s'il l'on ne rêve ni d'une bibliothèque Billy ni d'un lit Bodö, cette petite vedette jaune et gratuite constitue le meilleur moyen de traverser la baie, vers un quartier qui commence vraiment à sortir de l'ombre. Le water-taxi emprunte le Buttermilk Channel. À babord : le paysage postindustriel et peu tentant des docks de Brooklyn. À tribord : la verdoyante sérénité de

Peking
Lancé à Hambourg en 1911, le *Peking* convoyait des nitrates et des céréales entre l'Europe et le Chili, via le terrible cap Horn. Il est l'un des plus grands voiliers jamais construits, avec une longueur de 115 mètres et un grand mât aussi haut qu'un immeuble de... 18 étages.

Governor's Island, dotée de deux belles citadelles.

Après une petite demi-heure de "croisière", on accoste à **Red Hook**, port jadis très actif aujourd'hui assoupi. On dit que les derniers dockers de Brooklyn y habitent encore. L'enseigne suédoise marque le départ d'une promenade littorale, à suivre sur la gauche en descendant du ferry. Pas de plages, mais de hautes grues, quelques terrains qui ne resteront pas vagues très longtemps, et de magnifiques entrepôts progressivement transformés en galeries d'art. Il faut dire que de nombreux artistes, éclaireurs de la gentryfication, colonisent depuis un moment ce quartier paisible au grand air. De petites maisons de bois colorées à deux étages s'alignent le long des rues avoisinantes, comme Van Dyke St, où quelques bars à brunch et autres tables bio réveillent les vieux commerces vermoulus. Non loin de là, face à la mer, la chaîne **Fairways** ⑬ (480 Van Brunt St) a ouvert l'un de ses plus gros magasins. On y trouve une abondance de produits parfois "organic". On peut même y déjeuner… en terrasse. À deux pas, c'est chez le très convivial et post-beatnik **Sunny's** ⑭ (253 Conover St) que l'on refait le monde en buvant des bières jusqu'à 4h du matin. Et dans Van Brunt St, aux beaux jours, un brocanteur sort une table et deux chaises devant sa boutique, histoire de papoter avec les passants. Manhattan semble loin… Pour retourner à Manhattan, retrouver le bruit et la fureur, on grimpe à bord du bus 61 vers Downtown Brooklyn, ou on reprend le *water-taxi* en sens inverse. Mais à deux pas de l'embarcadère, un panneau indique **Coney Island** : 11,4 miles. Et c'est bien tentant…

Station Smith & 9th St
Pour rejoindre la ligne F et filer vers Coney Island, longez le Red Hook Playground par Bay St, puis tournez à gauche dans Smith St, passez sous la Gowanus Expressway et poursuivez jusqu'à West 9th St. La station de métro aérien se repère de loin.

OÙ SE BAIGNER À NEW YORK ?

Les grosses chaleurs s'abattent sur New York dès le mois de juin. Le mercure flirte alors avec les 40°C. Magasins, restaurants et musées garantissent un peu de fraîcheur artificielle, mais rien ne remplace une virée au bord de la mer pour échapper à la touffeur urbaine. Voici quelques spots.

Brighton Beach et Coney Island – Les plus proches et les plus accessibles [lignes B et F]. Ambiance populaire, hot dogs, promenade façon "planches" et manèges (dès) enchantés. La propreté n'est pas toujours irréprochable, mais le charme… unique.

Jacob Riis Park et The Rockaways – Techniquement dans le Queens, mais proche de Brooklyn, de belles bandes de sable blanc que l'on rejoint via les lignes A, 2 ou 5 (dans ces deux derniers cas, poursuivre par le bus Q35). Quelques surfeurs taquinent la vague aux Rockaways.

The Hamptons et Shelter Island – À l'est de Long Island, ces plages complètent un dispositif chic de boutiques hors de prix et de tables branchées fréquentées par une faune assez people. Quelques coins plus tranquilles, notamment à l'est de Southampton, et surtout sur Shelter Island, accessible par le South Ferry à partir de North Haven. Pour les amateurs de plage non motorisés, prendre le train LIRR depuis Penn Station ou le bus Hampton Jitney (plusieurs arrêts dans l'East Side).

Sandy Hook – Sur la côte du New Jersey, cette longue pointe de sable abrite un parc naturel ainsi que le plus vieux phare du pays. Quatre kilomètres de plages, dont une réservée aux gays et une autre aux naturistes. Et plein de pistes cyclables pour serpenter entre les dunes. Accessible en moins de 45 minutes par le ferry SeaStreak, amarré au Pier 11 près de Wall Street.

Scènes de manèges à Coney Island

Trait de poésie balnéaire aux accents populaires et désuets, **Coney Island** fut incontestablement la première plage de New York. Un long ruban de sable blond étiré sous un ciel immense, à l'extrême sud de Brooklyn. L'eau fraîche et la brise marine y ont attiré les Manhattanites dès les premières chaleurs du XXe siècle. En tramway, puis en métro ; l'île était déjà devenue presqu'île, et les lièvres qui lui avaient donné son nom avaient été éradiqués depuis longtemps. Au fil des années, ce front de mer a vu prospérer hôtels de luxe, cures thermales, hippisme et parcs d'attraction. Un certain **Nathan** – l'enseigne existe toujours – y inventa le "hot dog", et on y a même parié sur des courses de chevaux mécaniques jusqu'en 1964 ! À la place du **Steeplechase Park** où elles avaient lieu s'élève depuis 2001 le stade de base-ball des Brooklyn Cyclones, une arène qui accueille également des artistes internationaux : Björk, Daft Punk ou The White Stripes. Non loin de là, le *Parachute Jump,* haute fleur de métal d'où l'on sautait autrefois, rappelle les années folles de cette plage insouciante. Toute comme la grand-roue fatiguée, et les périlleuses montagnes russes édifiées en… 1927 !

Les citadins venaient se mélanger en s'amusant sur cette frange maritime qui connut un âge d'or au lendemain de la Seconde Guerre mondiale, avant de sombrer en eaux troubles avec la fermeture de plusieurs attractions et l'apparition de gangs armés. Mais depuis les années 1980, Coney Island s'est refait une beauté sans perdre son atmosphère particulière perçue dans *Annie Hall* ou *Angel Heart,* et captée aujourd'hui encore par de nombreux photographes et cinéastes. Lattes de bois du *boardwalk,* palmiers en plastique, marchands de glaces, papiers gras, ballons, burgers, ambre solaire…

Les New-Yorkais reviennent avec plaisir sur cette plage pourtant moins chic que The Hamptons et moins cool que Sandy Hook, pour visiter l'Aquarium de New York, prendre une bouffée d'oxygène, ou déjeuner Chez Volna, table réputée, filmée par James Gray, où les menus se déclinent en cyrillique. Bienvenue à **Little Odessa** ! Hors saison à **Brighton Beach**, et notamment par une belle journée d'hiver, des jeunes filles diaphanes – regard boréal et jogging rose bonbon – poussent des landaus. Comme sur les bords de la mer Noire, leur mère au visage plein, elles tiennent d'une main leur capuche fourrée quand le vent souffle… Tandis que les petits vieux, immigrants de la première génération, jouent aux échecs juste au bas de leur immeuble léché par le sable.

Les dimanches d'hiver, ainsi que le 1er janvier à 13 heures pile, les membres du **Club des Ours Polaires** plongent dans les eaux glacées de l'Atlantique. L'été, la **Mermaid Parade** déroule ses neptunes, sirènes et autres créatures marines dans tout le quartier. À l'horizon, la pointe de **Rockaway** vient clore en douceur cette parenthèse balnéaire. Manhattan bourdonne à des années-lumière.

BROOKLYN BY BUS

TRAVERSÉE BRANCHÉE

ITINÉRAIRE

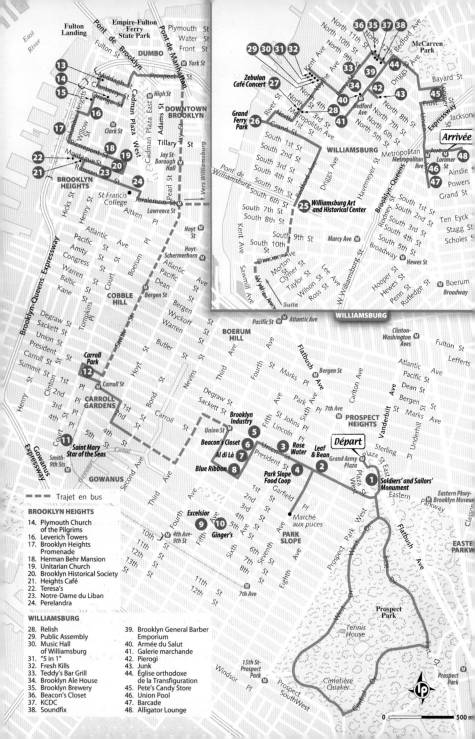

DÉPART : MÉTRO GRAND ARMY PLAZA
ARRIVÉE : MÉTRO LORIMER ST
PRATIQUE : L'itinéraire peut se faire en deux jours en restant une nuit à Brooklyn afin de profiter au mieux de Williamsburg, qui s'anime vraiment au crépuscule. Le parcours suit les lignes de bus 71, 75 et 61, bien pratiques en cas de grosse fatigue.

BROOKLYN BY BUS
TRAVERSÉE BRANCHÉE

C'est le dernier borough à la mode ! Alors qu'il y a encore dix ans, touristes et Manhattanites ne s'y aventuraient que rarement, Brooklyn attire aujourd'hui tout ce que la ville compte de branchés, de curieux, d'épicuriens et de visiteurs. Les uns se ruant sur les belles maisons de grès à retaper, avec parfois d'agréables jardins, les autres sur les bars, restaurants et autres spots artistiques en vogue. Et pour cause. Le plus vaste et le plus peuplé des districts de Big Apple a de quoi séduire. Un Prospect Park à faire jaunir d'envie les ormes de Central Park, des Brooklyn Heights classées quartier historique, un front de mer en pleine réhabilitation, des rues arborées piquées de bonnes adresses, des échoppes bio, des salles de spectacle, des marchés aux puces et autres magasins vintage… Le tout baignant dans cette atmosphère tranquille, friendly et légèrement décalée dont les Brooklynites ne sont pas peu fiers ; et à un jet de pierre de Manhattan. Le meilleur de la scène musicale new-yorkaise s'est implanté ici. Brooklyn vit, Brooklyn change et n'échappe pas à cette gentryfication qui assure, certes, la tranquillité des passants, mais repousse les revenus modestes et autres artistes bohèmes toujours un peu plus loin. Il faut donc rester à l'affût, car les quartiers branchés d'aujourd'hui seront peut-être les ghettos bourgeois de demain. Ainsi le pourtant très sympathique Williamsburg que les connaisseurs commencent à bouder pour Greenpoint ou les rues plus "sauvages" de Bushwick.

✚ Park Slope, l'"écolo-cool"

Et pourquoi ne pas démarrer par un grand bol d'air ? En sortant du métro à *Grand Army Plaza* [lignes 2 et 3], on "bute" d'abord sur le **Soldiers' and Sailors' Monument** ❶, arc de triomphe surmonté d'un quadrige célébrant la victoire des armées de l'Union – Grand Army – sur les Confédérés. Mais juste à l'arrière du monument s'ouvre le vaste Prospect Park, dont Central Park ne serait que le brouillon, de l'aveu même de Frederick Law Olmsted et Calvert Vaux, concepteurs de ces deux espaces verts. Après une balade oxygénée dans le parc, on reviendra sur la place pour descendre l'élégante Union St qui file en pente douce vers le cœur de **Park Slope**. Ce quartier résidentiel et arboré fut surnommé "The Gold Coast of Brooklyn" avec l'arrivée, dans les années 1960, de nombreux cadres sup'

new-yorkais en quête d'espace, d'air sain et de magnifiques brownstones à bas prix. Park Slope abrite aujourd'hui une large population de trentenaires et de quadras mi-chics mi-bobos avec enfants. Tout New York se gausse d'ailleurs du nombre de poussettes que l'on croise sur ses trottoirs. C'est un microcosme tranquille, où l'on trouve tous les commerces de proximité, du plus hype au plus basique, des librairies, des restaurants, mais aussi quelques adresses qui font le charme du quartier et sa coloration écolo-cool : un **marché aux puces** (7th Ave et 1st St), l'épicerie fine **Leaf & Bean** ❷ (83 7th Ave) orientée cafés et thés, la carte inventive du **Rose Water** ❸ (787 Union St), et surtout le **Park Slope Food Coop** ❹ (782 Union St), un abondant supermarché "vert" où l'on trouve presque tout en échange d'un peu de son temps.

Prospect Park Est
Trois spots culturels forment les sommets d'un triangle accolé à l'est de Prospect Park : les jardins thématiques du Brooklyn Botanic Garden, les collections égyptiennes et la galerie d'art féministe du vaste et tranquille Brooklyn Museum, et la très Art déco Brooklyn Public Library, inaugurée en 1941.

PROSPECT PARK : MIEUX QUE CENTRAL PARK !

Quelques mois après avoir planché sur leur plus célèbre création, les deux concepteurs de Central Park remettent le couvert à Brooklyn pour un espace paysagé plus modeste mais d'après eux plus abouti. En effet, libérés des contraintes orthogonales de Manhattan, Frederick Law Olmsted et Calvert Vaux ont pu ici donner libre cours à leur inspiration. Le résultat vaut le détour. Sur 236 hectares, on déambule entre prairies et petits bois, cascades et rivières, vallons romantiques, étangs et patinoire. On croise de grands arbres aux racines fantasmagoriques, une piste circulaire – de près de 6 kilomètres – réservée aux cyclistes, joggeurs et patineurs, ainsi que des fontaines désaltérantes pour les promeneurs… et leurs chiens ! Et aux beaux jours, notamment l'été durant le Celebrate Brooklyn Festival, des concerts gratuits aimantent les foules sur les vastes pelouses. Tout à côté, le Brooklyn Museum et la Public Library offrent d'excellentes digressions culturelles.

Grand Army Plaza

Park Slope Food Coop
Des carottes nouvelles au liquide vaisselle "vert", on trouve tout au Park Slope Food Coop, le plus gros supermarché coopératif des États-Unis. Le principe : pour être client, il faut devenir membre… et donner chaque mois 2h 45 de son temps au fonctionnement du magasin. Un exemple à suivre !

Union Street montre d'ailleurs un visage plutôt vert. Autour de la coopérative se tutoient un loueur de vélos (Dixon's), un restaurant bio (Scottadito's)… Alors qu'un peu plus à l'ouest, 5th Ave propose d'autres réjouissances. Avec, côté plumage : les spécialités locales de **Brooklyn Industry** ⑤ (n°206) et les vintages de **Beacon's Closet** ⑥ (n°220). Et côté fourchette : les italianismes de chez **Al di Là** ⑦ (n°248), ou encore le **Blue Ribbon** ⑧ (n°280), ses huîtres et ses sushis.

Park Slope s'est par ailleurs affirmé comme l'épicentre de la vie LGBT à Brooklyn. L'ambiance est gay friendly, et le quartier compte quelques adresses décontractées et pas sectaires avec, toujours sur 5th Ave : **Excelsior** ⑨ (n°390) pour les garçons et **Ginger's** ⑩ (n°363) pour les filles. Ce n'est pas un hasard si la première Gay Pride de Brooklyn eut lieu ici, en 1997. Et si d'aucuns jugent la Brooklyn Pride Festival and Parade plus authentique – quoique moins spectaculaire – que celle de Manhattan.

Le Gorilla Café à Brooklyn

Gowanus Canal
L'étrange
toponyme
Gowanus
est une
déformation de
Gouwane, chef
indien de la
tribu canarsie
qui vivait sur
ces terres
marécageuses
vendues aux
Hollandais en
1636.

Carroll Gardens all'italienne

Depuis Union St, le bus B71 transporte ses passagers vers **Carroll Gardens**. Il enjambe le **Gowanus Canal**, ex-cloaque pestilentiel que Brooklyn n'en revient pas de réhabiliter tellement la tâche semblait impossible. Pendant des décennies, ce pauvre moignon de rivière fut le réceptacle de tous les effluents que les égouts et les raffineries des environs pouvaient charrier. Mais ses eaux immobiles au noir moiré ne sont plus qu'un mauvais souvenir. Une faune aquatique courageuse y revient déjà, et l'on peut même y canoter le week-end (à la hauteur de 2nd St). Gowanus, friche industrielle prometteuse aux entrepôts décatis, fait saliver les promoteurs… au grand dam des riverains, qui s'accrochent aux aspérités du quartier, et en viendraient même à apprécier les relents nauséabonds qui y planent encore parfois.

On mettra pied à terre juste après avoir croisé Bond St, sur 3rd St, afin de tourner à droite dans Hoyt St et pénétrer ainsi dans le **Carroll Gardens Historic District**. Deux blocks plus loin, sur la gauche, se déploient les jardins de Carroll St qui ont donné leur nom au quartier. En 1846, l'urbaniste Richard Butts décida d'aligner des brownstones de grès brun aux lignes néogrecques à une trentaine de mètres en retrait de la chaussée, et de combler cet espace par de petits jardins privatifs. Hortensias, aubépines, œillets, érables et pins apportent une touche souriante et verte de banlieue un poil chic à ce quartier, qui se développa entre 1869 et 1884, accueillant à l'époque un grand nombre d'Italiens, embauchés sur les docks de Brooklyn. On dit qu'Al Capone se maria en 1918 dans l'église **Saint Mary Star of the Seas** ⑪ (467 Court St), à cinq blocks au sud de **Carroll Park** ⑫. Un parc le long duquel, chaque dimanche, un marché "paysan" déballe ses denrées chouchoutées à l'abri des pesticides. C'est justement autour de ce petit rectangle de verdure,

et notamment sur Smith St, que l'on appréciera le visage animé du quartier : pizzerias et social-clubs enfumés, vestiges des années ritales, côtoient clubs de fitness, cafés, pâtisseries, galeries d'art et brocanteurs.
Avec **Boerum Hill** et **Cobble Hill**, deux autres quartiers en phase d'embourgeoisement décomplexé situés au nord, Carroll Gardens forme

BoCoCa. Smith St traverse ce trio, égrenant au passage une litanie de restaurants très fréquentables – Grocery (n°288), Cubana Cafe (n°272), Pacifico (269 Pacific St) et tant d'autres – que l'on pourra repérer depuis la vitre du B75. Celui-ci remonte vers Downtown Brooklyn en traversant **Atlantic Ave**, idéal pour partir à la découverte du quartier mythique de Brooklyn Heights.

Les "rues fruitières" de Brooklyn Heights

On quittera le bus à son terminus de Sands St/Jay St, pour rejoindre à pied Prospect St, un block plus au nord. C'est cette rue survolée par le Manhattan Bridge et le Brooklyn Bridge que l'on suivra vers la gauche. On traverse alors Old Fulton St-Cadman Plaza West, en se déportant légèrement sur la droite, pour récupérer Henry St, juste en face, véritable porte d'entrée de **Brooklyn Heights,** premier quartier de New York à avoir été classé district historique, en 1966. Au début du XIXᵉ siècle, précurseurs, les financiers de Wall Street se firent construire de beaux brownstones de ce côté de l'East River, la traversant chaque jour en ferry (dès 1814), en fiacre (le pont de Brooklyn date de 1883) ou

"Fruit streets"
Brooklyn doit ses "Fruit streets" à une certaine lady Middagh. Au XIXᵉ siècle, cette riveraine fortunée et frondeuse, jugeant trop prétentieux l'usage de nommer les rues en l'honneur des grandes familles du quartier, subtilisa les plaques officielles et en apposa de nouvelles, aux noms de fruits et d'arbres… Un geste qui fut entériné par les autorités !

en métro (à partir de 1908) pour aller boursicoter. Brooklyn Heights fut peut-être ainsi la mère des banlieues-dortoirs du pays ! Aujourd'hui, si les maisons ont souvent été divisées en appartements, le quartier ressemble malgré tout beaucoup à ce qu'il fut naguère. Notamment dans sa partie nord, autour des "fruit streets" : Cranberry St, Orange St et Pineapple St.

Promenade au bord de l'eau à Brooklyn Heights

À partir de Henry St, on emprunte d'abord Middagh St, deuxième rue sur la droite, pour découvrir la plus ancienne demeure du quartier, tout en bois, qui se dresse au n°24 **⓭**, depuis… 1824. En poursuivant sur la gauche, par Willow St, on parvient au carrefour où les cinéphiles reconnaîtront sur la droite (19 Cranberry St) l'immeuble occupé par Loretta Castorini dans *Éclair de Lune.* L'actrice Cher, oscarisée pour l'occasion, partageait en 1987 l'affiche de cette comédie romantique très "brooklynienne" avec Nicolas Cage. À gauche dans Cranberry St, se succèdent quelques belles façades à l'antique, interrompues par l'**Église de l'Assomption,** érigée ici en 1908 après que le bâtiment original, situé plus à l'est, eut été démoli car situé sur le tracé du Manhattan Bridge. On continuera de flâner au fil de ces rues romantiques en tournant à droite dans Henry St, puis encore à droite dans Orange St. L'angle avec Hicks St est dominé par la **Plymouth Church of the Pilgrims ⓮**, qui résonne encore de l'écho des prêches enflammés d'Henry Ward Beecher. On dit même que cet anti-esclavagiste fervent, dont la sœur Harriet Beecher Stowe écrivit *La Case de l'oncle Tom*, eut l'oreille d'Abraham Lincoln. Une statue du révérend orne le jardin de cette "maison" qui fut au XIXᵉ siècle une station de l'Underground Railroad, un réseau de caches permettant aux esclaves fugitifs de gagner les États abolitionnistes et le Canada. On retrouvera Willow St un peu plus loin sur la gauche. Une magnifique maison de 1830 occupe le n°70 ⑮. Truman Capote, qui vécut ici, y aurait écrit *Petit déjeuner chez Tiffany*. D'autres écrivains, et non des moindres, plébiscitèrent les Heights : Tennessee Williams, Paul Bowles… À quelques mètres de là, à l'angle de Clark St, l'imposant édifice qui accueille aujourd'hui les Témoins de Jéhovah – le **Leverich Towers** ⑯ – fut dans l'entre-deux-guerres le plus chic hôtel de Brooklyn.

Au cœur tranquille de Brooklyn Heights

Passées les "fruit streets", on empruntera Clark St jusqu'à la **Brooklyn Heights Promenade** ⑰, qui ménage de magnifiques points de vue sur Manhattan et la baie, ainsi qu'à Columbia Heights, dont les élégantes demeures bénéficient du même panorama. On suivra cette noble rue jusqu'à Pierrepont St, où se dresse la **Herman Behr Mansion** ⑱, à l'angle de Henry St. Construit en 1890 pour le millionnaire Herman Behr, cet hôtel particulier fut par la suite un bordel, un monastère franciscain, puis un immeuble résidentiel. Drôle de pedigree ! Un peu plus loin, à l'angle de Monroe Place, on jettera un œil à l'**Unitarian Church** ⑲, la plus ancienne église de Brooklyn, édifiée en 1844, et s'il n'est pas trop tard, on rendra opportunément visite à la **Brooklyn Historical Society** ⑳ (n°128), temple de tous les savoirs sur le borough.

À l'angle de Clinton St : à droite toute, puis encore à droite pour récupérer Montague St, la plus animée des rues de ce quartier bien calme. Boutiques, bars et bonnes tables – comme le **Heights Café** ㉑ (n°84), à l'angle de Hicks St, ou sa voisine **Teresa's** ㉒ (n°80) – se serrent sur ses trottoirs ombragés. Hicks St, justement, mène à Remsen St, un block plus au sud, qui compte au moins deux joyaux : les portes en bronze de la cathédrale maronite **Notre-Dame-du-Liban** ㉓ (à l'angle de Henry St), prélevées lors de l'incendie du paquebot *Normandie* ; et dans un autre registre, l'extraordinaire épicerie-snack bio **Perelandra** ㉔, une pionnière du genre située au n°175 – face au St Francis College – depuis plus de trente ans. On quittera ce quartier attachant de Brooklyn Heights en tournant à droite dans Court St puis à

Look en adéquation avec l'esprit branché de "Billyburg"

Brooklyn Navy Yard
Des centaines de bâtiments militaires sont sortis des chantiers navals du Brooklyn Navy Yard, fermés en 1966. Pendant la Seconde Guerre mondiale, les derniers cuirassés américains y furent assemblés nuit et jour par plus de 70 000 ouvriers. Le site est aujourd'hui interdit au public, mais la Brooklyn Historical Society organise parfois des visites guidées.

gauche dans Joralemon St, qui longe par le sud le Civic Center. On rejoindra Jay St où l'on attendra sagement le bus B61, direction Williamsburg pour finir en beauté.

Les bobos de Billyburg

Contournant l'ex-Brooklyn Navy Yard, le bus effleure les confins de Fort Greene et Clinton Hill, dessert un patchwork de cités sans charme saignées par la Brooklyn-Queens Expressway, puis oblique vers le nord. Wythe Ave, Division Ave... On entre dans **Williamsburg** par son quartier hassidique où les silhouettes sombres des hommes se découpent

sur les murs, tandis que les femmes, vêtues comme dans les années 1930 surveillent en papotant leur progéniture. Un voyage dans le temps. On descendra au carrefour de Bedford Ave et Broadway. Sur la droite, au 135 Broadway, l'imposant **Williamsburg Art and Historical Center** ㉕ – autrefois une banque – s'est transformé en lieu culturel ouvert l'après-midi.
Passé le pont, en suivant Bedford, le quartier devient plus latino, portoricain même... Mais une autre population apparaît bientôt, de plus en plus dense à mesure que l'on avance vers le nord : les bobos.

PETITE POLOGNE ET FUTUR BOBOLAND

Tout le monde en parle ! Même le groupe écossais Franz Ferdinand, dans l'une de ses chansons. À l'extrême nord de Brooklyn et à un jet de pierre de Midtown au-dessus de l'East River, voici le nouvel eldorado des bobos new-yorkais. Il faut dire que **Greenpoint** propose aux nouveaux venus une artère commerçante – Manhattan Ave – au charme provincial, un *historic district* élégant, quelques beaux brownstones et des rues arborées descendant doucement vers la rivière. Résultat : les loyers grimpent dans ce quartier qui reste relativement paisible et ressemble d'abord à ce qu'il a toujours été depuis un siècle : une petite Pologne. Centres médicaux, cabinets d'avocats, restaurants, librairies, épiceries…

Les enseignes s'affichent en polonais, les vitrines pavoisées de rouge et blanc regorgent de *kielbasas*, de pickles, de choux et de gâteaux crémeux, et, de la Lech Walesa Place au Father Popieluszko Square en passant par le John Paul II Plaza, la toponymie rappelle les bords de la Vistule ! Tout à côté, le **Brooklyn Museum** et la **Public Library** offrent d'excellentes digressions culturelles.

Williamsburg avant la branchitude
Vers 1830, une distillerie s'installe à Williamsburg tout juste naissant. De grandes industries suivent : raffineries de sucre, laboratoires pharma-ceutiques… Attirée par le boom économique, la population afflue, essentiellement composée d'immigrés allemands et de Juifs du Lower East Side. Avec l'ouverture du Williamsburg Bridge en 1903, le quartier devient même le plus dense de Brooklyn !

Comme les Juifs un siècle plus tôt, les jeunes intellos et créatifs de tous poils – décoiffés, mal rasés mais "jamais sans mon *laptop*" – ont, eux aussi, franchi l'East River à la recherche d'un cadre de vie plus humain, et en l'occurrence meilleur marché. Vieilles Buicks peintes en rose, friperies et disquaires post-punks… On prendra Grand St sur la gauche pour sentir l'atmosphère de ce quartier oxygéné où le ciel est plus grand et les rues plus calmes, notamment le matin. Tout au bout, le modeste **Grand Ferry Park** 26 regarde Alphabet City par delà l'East River. C'est de là que les hommes et les marchandises embarquaient pour Manhattan, à bord d'un ferry à vapeur, dès 1818.

Après avoir médité devant les eaux sombres sur cette "préhistoire" new-yorkaise, on remontera en ville par Kent Ave, sur la gauche, puis par North 1st St, qui débouche dans Wythe Ave. Sur la gauche, deux bonnes adresses bordent cette artère un peu vague : le chaleureux **Zebulon Café Concert** 27 (n°258) et sa programmation musicale assez loufoque, et le **Relish** 28 (n°225), un bijou de *diner* tout en inox, avec comptoir en formica et sièges capitonnés, célèbre pour ses hamburgers et ses brunchs du week-end. Fabriqué dans le New Jersey en 1952 puis transféré dans le Queens par bateau ! Installé à Williamsburg en 1968, il fonctionne pendant 20 ans avant d'être laissé à l'abandon. Racheté par un

**Brooklyn
Brewery**
Créée en 1987,
la Brooklyn
Brewery est
la dernière
brasserie d'un
borough qui en
comptait 50
au début du
XXᵉ siècle !
On peut
naturellement
y boire une
mousse
(Brooklyn Lager,
Brooklyner
Weisse),
mais aussi
participer à une
dégustation,
lors des
Tasting Panel.
Happy hour
le vendredi et
visites guidées
le week-end.

artiste qui lui offrit une restauration complète, il rouvre ses portes en 2000, et gagne même un jardin et un patio deux ans plus tard.

Sur North 6th St, "*decumanus*" du quartier, le Galapagos Art Space, dont les performances parfois kitsch avaient inscrit Williamsburg sur la carte culturelle de New York, a déménagé pour Dumbo. Le **Public Assembly** 29 (n°70) a repris le flambeau, ouvrant ses planches à des artistes locaux. Tandis que son voisin, le **Music Hall of Williamsburg** 30 (n°66) reçoit parfois des pointures comme Cat Power ou les Black Keys. Au n°60, c'est **"5 in 1"** 31, une boutique-atelier installée dans une ancienne aciérie où l'on picorera vêtements de créateurs, bijoux et accessoires. Au n°50 32, meubles hype et conseils en design chez John et Fredrick, fondateurs de **Fresh Kills**.

Un concentré de branchitude

En revenant sur nos pas, on filera jusqu'à Berry St, pour une agréable et rafraîchissante parenthèse historique. À l'angle de North 8th St, deux témoins du passé se regardent depuis 1897 : le **Teddy's Bar Grill** 33 et la **Brooklyn Ale House** 34, tous deux avec juke-box et bières à la pression. Houblon toujours un peu plus au nord, à la **Brooklyn Brewery** 35 (79 North 11th St), brasserie qui signe la renaissance de cette industrie locale. En face, le **Beacon's Closet** 36 (n°88)

s'avère bien plus grand mais beaucoup moins chic que son alter ego de Park Slope. Autre style, autre époque, les fans de skate et de streetwear hurleront de plaisir en poussant la porte du voisin **KCDC** 37 (n°90). On redescendra Bedford Ave sur la droite. Cette épine dorsale dévoile une succession de boutiques vintage qui donnent au quartier sa tonalité : vinyles et CD d'occasion chez **Soundfix** 38 (n°110), jouets, bonbons et brushings au minuscule **Brooklyn General Barber Emporium** 39

Bedford Avenue à Williamsburg

(n°144), fripes et meubles *second hand* à l'**Armée du Salut** 40 (n°176). Un peu plus loin, au n°220 se tient le cœur hype du quartier : une **galerie marchande** 41 alternative unissant les échoppes de Bedford Ave et de North 5th St : Verb Café, excellente librairie Spoonbill & Sugartown, coiffeur Hello Beautiful, Internet Garage, figurines et robots chez Area Kids, ordinateurs en libre accès, Photomaton… Un bonheur pour *nerds* du 3e millénaire et créatifs en

goguette… Et ils sont nombreux ! On avance en effet le chiffre de 100 000 artistes dans ce coin de Brooklyn, et pas moins de 70 galeries. L'une des plus éminentes, **Pierogi** 42 (177 North 9th St) se cache derrière une façade austère de briques où s'accroche désespérément une échelle de secours. On y accède en remontant Bedford vers le nord. Dirigée par un artiste, le peintre Joe Amrhein, elle se veut moins commerciale que beaucoup d'autres, quoique faisant

Concert intimiste au Pete's Candy Store

désormais partie des valeurs sûres aux vernissages très courus, occasions de découvrir des expositions et des installations qui se prennent rarement au sérieux, en dégustant vodka et… *pierogi*, naturellement. Sur la droite de la galerie, à l'angle de Driggs St, quelques marches mènent à une immense brocante en sous-sol baptisée **Junk** 43, bourrée de meubles et d'objets du sol au plafond. Vers le nord se détachent les cinq coupoles de cuivre de l'**église orthodoxe de la Transfiguration** 44 (228 North 12th St), préfigurant l'ambiance encore très slave du quartier voisin de Greenpoint. Certains, et notamment pas mal de jeunes Manhattanites, affirment que l'herbe y est plus verte – comprendre "abordable et authentique".

La ruée vers l'Est

East Williamsburg suscite les mêmes réflexions dithyrambiques. On ira vérifier, en empruntant à droite North 12th St jusqu'à Union Ave que l'on redescendra pour prendre Richardson St, un block plus au sud. Un paysage suburbain gris et sans relief. Au prochain carrefour, on tournera à droite pour entrer

dans le **Pete's Candy Store** 45 (709 Lorimer St) qui fut une véritable confiserie avant d'abriter ce bar *old school* où l'on assiste parfois à des concerts gratuits, des lectures de poésie, et des soirées bingo assez rock n'roll.

On reviendra doucement vers les stations Metropolitan Ave [ligne G, direction Brooklyn] ou Lorimer St [ligne L, direction Manhattan], par cet East Williamsburg moins apprêté, en suivant Frost St (à droite), puis Union Ave (à gauche). Les noctambules invétérés rejoindront l'**Union Pool** 46 (404 Union Ave), ancienne boutique de fournitures pour billard à l'ambiance rockabilly ; le **Barcade** 47 (388 Union St) pour revivre les années 1980 sur les vieux jeux d'arcades ; ou à l'**Alligator Lounge** 48 (600 Metropolitan Ave), juste derrière le métro Lorimer St, qui sert d'excellentes pizzas au feu de bois jusqu'à… 3 heures du matin. Une solide conclusion pour cette fin de parcours festive. Et c'est les pieds éreintés, les oreilles comblées et l'estomac bien calé que l'on s'en retournera dormir quelques heures. Car il faut savoir dire stop !

Bushwick
Toujours plus à l'est, Bushwick se transforme à vue d'œil. Avec ses vastes entrepôts et ses beaux brownstones aujourd'hui rénovés, ce quartier longtemps misérable et dangereux s'impose comme le nouvel eldorado des jeunes actifs en mal de loyers modérés.

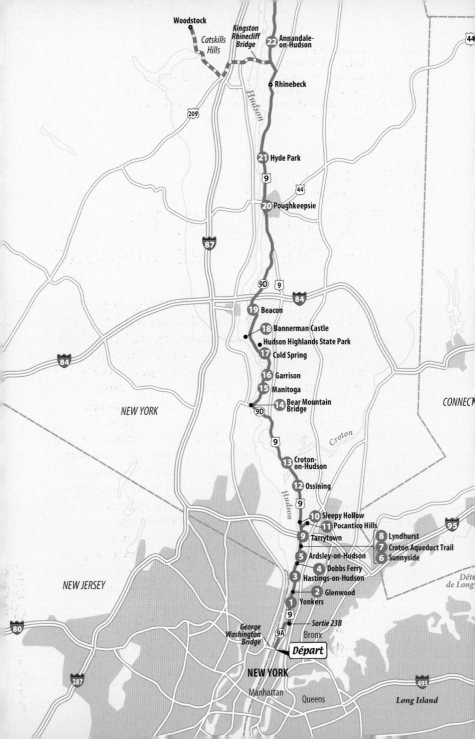

Woodstock

Catskills Hills

Kingston Rhinecliff Bridge

22 Annandale-on-Hudson

44

Rhinebeck

Hudson

209

21 Hyde Park

9

44

20 Poughkeepsie

87

9D 9

84

19 Beacon

18 Bannerman Castle

Hudson Highlands State Park

17 Cold Spring

16 Garrison

15 Manitoga

14 Bear Mountain Bridge

9D

NEW YORK

CONNECT

Croton

9

13 Croton-on-Hudson

12 Ossining

Hudson

9

10 Sleepy Hollow

11 Pocantico Hills

9 Tarrytown

8 Lyndhurst

7 Croton Aqueduct Trail

5 Ardsley-on-Hudson

6 Sunnyside

4 Dobbs Ferry

3 Hastings-on-Hudson

95

Dét de Long

NEW JERSEY

2 Glenwood

1 Yonkers

9

84

80

George Washington Bridge

9A

Sortie 23B

Bronx

287

Départ

NEW YORK

Manhattan

Queens

Long Island

495

DÉPART : HENRY HUDSON PARKWAY (9A)

ARRIVÉE : ANNANDALE-ON-HUDSON OU LES CATSKILLS

PRATIQUE : On peut remonter le fleuve en train, en empruntant la Hudson Line depuis Grand Central. Un omnibus part toutes les heures, direction Poughkeepsie, qu'il rejoint en 1 heure 45 (30$ A/R). Pour aller plus au nord, on utilisera les services de la compagnie nationale Amtrak.

LE LONG DE L'HUDSON
ESCAPADE À CONTRE-COURANT

Et pourquoi pas une escapade au grand air ? Absorbé par la découverte de la mégalopole, on oublie parfois que la nature s'épanouit – presque – à ses portes, juste au nord, "upstate". À moins d'une heure de Manhattan, en train ou en voiture, s'étire une campagne vallonnée, arrosée par ce long fleuve paisible qu'est l'Hudson. De grands domaines en petites villes croquignolettes, et de vergers en sous-bois, la route serpente au milieu de paysages romantiques qui, au XIXe siècle, ont inspiré l'auteur de Sleepy Hollow, Washington Irving, mais aussi les peintres naturalistes de "l'école de l'Hudson", et ravirent les grandes dynasties de la Côte Est qui s'y firent construire de somptueuses retraites. Plus récemment, d'autres célébrités ont répondu à l'appel de la nature en s'installant dans ces parages discrets : Uma Thurman, Ethan Hawke, Liam Neeson et même Robert de Niro ont redécouvert les charmes de ces rives bucoliques, ouvrant la voie à de nombreux artistes, écrivains, musiciens, mais aussi libraires, antiquaires… Contribuant à redynamiser une contrée qui offre aujourd'hui un intéressant mélange des genres entre anciens habitants et nouveaux venus, entre villages d'artistes et manufactures désaffectées. Les activités culturelles se multiplient, et l'un des plus remarquables musées d'art contemporain, le DIA, a eu l'audace de s'installer dans une ancienne biscuiterie de Beacon. Et au bout de la route : les replis boisés des Catskills où l'on peut skier l'hiver, et respirer à fond toute l'année.

Entrée dans la vallée de l'Hudson

Ne pas se laisser impressionner : quitter New York par la route n'a rien d'un casse-tête ! L'essentiel est de rejoindre la **Henry Hudson Parkway** (9A) et de remonter vers le nord en longeant l'Hudson. On passe bientôt tout près du George Washington Bridge, avant de quitter Manhattan par le Henry Hudson Bridge, un grand pont bleu tendu sur la rivière de Harlem. La 9A pénètre alors dans **Yonkers ❶**, banlieue imposante et sans âme qui deviendra peut-être branchée lorsque l'explosion définitive des loyers de Harlem et du Bronx l'aura rendue attrayante. Mais pour l'instant…

Au niveau de la sortie 23B, on prend soin de lâcher la 9A, qui s'éloigne du rivage, pour récupérer la 9 North – encore appelée Broadway – qui s'en rapproche. À deux pas de la gare de **Glenwood ❷**, épousant fidèlement le tracé du fleuve depuis plusieurs kilomètres, la Hudson Line frôle une ancienne centrale électrique. Magnifique, celle-ci dresse ses deux hautes cheminées de brique au bord de l'eau. Construite en 1906, elle alimenta une partie du réseau ferroviaire, puis des quartiers entiers de Yonkers, avant d'être tout simplement abandonnée, dans les années 1960. Certains promoteurs aimeraient y voir un complexe résidentiel postindustriel ! Tout à côté, l'Hudson River Museum présente

Little Red Lighthouse Au pied du George Washington Bridge se dresse le Jeffrey's Hook Lighthouse, un minuscule phare rouge, hors service depuis 1947, mais célèbre pour tenir la vedette d'un conte connu de tous les petits Américains : *The Little Red Lighthouse and the Great Grey Bridge.*

de nombreuses œuvres de l'école de peinture romantique dite de l'Hudson (XIXᵉ siècle) et des expositions sur l'histoire de la vallée et le patrimoine régional. Sur l'autre rive, les sombres falaises du New Jersey tracent un horizon inquiétant.

Remontée vers Hastings-on-Hudson

Vers **Hastings-on-Hudson ❸**, dignes et cossues, des propriétés avec vue tiennent les hauteurs qui dominent le fleuve. On roule depuis moins d'une heure, mais New York semble déjà loin. La route se faufile sous les arbres entre de beaux jardins,

et les centres-villes portent les traces d'une époque révolue : devantures écaillées, vitrines poussiéreuses, *school bus* fatigués… La vallée a entamé sa mue et perdra bientôt cette vieille peau pourtant attachante. Déjà, de nouvelles boutiques regorgent de lin délicat, de livres anciens, de savons parfumés et de meubles design ou champêtre… Non loin de Main St, au 149 Southside Ave, Maud's Tavern assure toujours l'ambiance. Mais le Hastings Moviehouse Mews (759 Warburton Ave), vénérable cinéma aux briques blanches et bleu ciel, accueille désormais un marchand de glaces et une poignée de boutiques.

Au bord de l'eau, quelques vestiges d'un passé industriel glorieux ont survécu en tremblant aux grosses démolitions de 2005.

Les petites villes s'égrènent : **Dobbs Ferry** ❹, dont le nom évoque le bac qui assurait jadis la traversée, **Ardsley-on-Hudson** ❺, à demi-cachée sous les frondaisons et **Irvington**, piquée de quelques belles demeures de style géorgien, telles de petites "Maison Blanche".

Pause bucolique à Sunnyside et Lyndhurst

L'Hudson s'élargit avant Tarrytown et le Tappan Zee Bridge, baignant

Dobbs Ferry
L'un des plus anciens bacs sur l'Hudson reliait Dobbs Ferry à Sneden's Landing, juste en face. Il a effectué sa première traversée en 1698… et sa dernière en 1944.

deux somptueux domaines à l'impressionnant pedigree.

Le premier, **Sunnyside** ⑥, fut vers 1840 la retraite intime et bucolique de Washington Irving, noyée dans les fleurs et la verdure. L'écrivain, ayant longuement séjourné en Europe, a mêlé dans son cottage, des touches écossaises et hispaniques. Le pique-nique est autorisé dans les jardins de ce petit paradis, que l'on peut visiter accompagné de guides en robes à crinoline…

Depuis Sunnyside, le **Croton Aqueduct Trail** ⑦ – puis un sentier côtier – mène en quelques minutes au second domaine :

Lyndhurst ⑧. Pavillon de campagne dessiné en 1838 par Alexander Jackson Davis pour l'ancien maire de New York, William Paulding, cet édifice néogothique fut agrandi trente ans plus tard pour le riche entrepreneur George Merritt, qui lui donna au passage son nom actuel en l'honneur des grands tilleuls *(Linden trees)* du vaste parc, coloré d'une roseraie et de pelouses magnifiques. Lyndhurst passa plus tard aux mains du magnat des chemins de fer Jay Gould, puis à ses filles Helen et Anna. Le National Trust for Historic Preservation racheta le domaine à la mort de cette dernière, par ailleurs duchesse de Talleyrand-Périgord, en 1961.

Croton Aqueduct Trail
Construit au XIXᵉ siècle pour alimenter New York en eau courante et potable, le Croton Aqueduct, aujourd'hui désaffecté et classé, parcourait 66 kilomètres jusqu'au réservoir terminal, situé à la place de Bryant Park. Un sentier balisé, le Croton Aqueduct Trail, suit aujourd'hui son tracé.

Errances autour de Sleepy Hollow

À **Tarrytown** ⑨, on tâchera de ne pas emprunter le pont métallique pour rester "rive est" dans l'univers de Washington Irving. L'ombre de son chevalier sans tête – très librement adapté à l'écran par Tim Burton – plane en effet sur la petite ville de **Sleepy Hollow** ⑩ et la rivière Pocantico voisine.

Au **Philipsburg Manor** (381 North Broadway), on remonte le temps jusqu'aux premiers colons. Il y a trois siècles en effet, ce domaine était dirigé par les Philipses, une grande famille de propriétaires terriens anglo-hollandais qui furent parmi les premiers à prospérer dans cette large vallée. Une maison de maître, une ferme, un moulin, un ponton… C'est, ici encore, un guide en costume qui s'attache à raconter la vie quotidienne de ces pionniers du Nouveau Monde.

Non loin de là, les

côté de **Pocantico Hills** ⑪, que l'on visitera pour sa rosace réalisée en 1954 par Henri Matisse en hommage à son amie et grande admiratrice décédée, Abby Aldrich Rockefeller, bru du célèbre philanthrope et cofondatrice du MoMA. Cette fleur de verre, dernière création du peintre français avant sa disparition, côtoie de somptueux vitraux signés… Marc Chagall ! Chacun d'entre eux est orné de scènes bibliques scrupuleusement choisies, et dédiées à un membre de la famille.

En retournant vers Sleepy Hollow via Bedford Rd, on longe l'immense propriété de **Kykuit**. Quatre générations de Rockefeller ont entretenu cette merveille située au sommet d'une colline avec vue, que l'on peut partiellement visiter. Le parc abrite une collection exceptionnelle de sculptures parmi lesquelles des Calder, des Picasso… et une œuvre d'Henry Moore tellement lourde qu'elle y a été déposée par hélicoptère ! À l'intérieur du manoir, voitures anciennes et carrosses flamboyants côtoient des tapisseries exécutées par Picasso en personne.

Ce n'est pas ici, dans cette propriété cernée d'un golf bien vert, que l'on apprendra que Sleepy Hollow fut au XXe siècle une banlieue-dortoir pour les ouvriers de General Motors. C'est plutôt au bord de l'eau, en descendant Bedford Rd, puis Beekman Ave jusqu'au rivage : l'ancien site de l'usine, démantelée en 2000, évoque

noms de très anciennes familles ornent les tombes qui parsèment l'étrange et verdoyant **cimetière** de Sleepy Hollow. Washington Irving, lui-même, y est enterré… à un jet de pierre de l'église hollandaise érigée en 1685, et dont la cloche, fondue aux Pays-Bas, proclame cette devise : "Si Deus pro Nobis, Quis contra Nos ?" ("*Si Dieu est avec nous, qui sera contre ?*"). À quelques kilomètres de là, via Bedford Rd (Route 448), une autre église vaut le détour. C'est **Union Church,** du

Vallée hollandaise
Les Hollandais furent les premiers Européens à s'installer dans la vallée. Ils fondèrent Fort Oranje en 1624 à l'emplacement de la future Albany. En 1664, les Anglais, vainqueurs, les autorisèrent à rester. La région en a gardé une toponymie aux accents parfois néerlandais.

L'Hudson en kayak
De nombreux spots permettent de découvrir l'Hudson en kayak. Hudson River Recreation à Sleepy Hollow, Hudson Valley Outfitters à Cold Spring, Atlantic Kayak Tours à Annsville Creek et Staatsburg vous aideront à trouver la pagaie à votre main. Au programme : location, cours et excursions.

un paysage postapocalyptique et pourtant étrangement beau. Le petit phare blanc du **Tarrytown Lighthouse**, qui s'avance sur l'Hudson, a longtemps guidé les innombrables barges sillonnant l'Hudson entre New York et les Grands Lacs, par le canal Erié. Il ne fonctionne plus ; et d'ailleurs les embarcations se font rares sur les eaux brunes du fleuve qui semble aujourd'hui muet.

De Sleepy Hollow à Croton-on-Hudson

De retour sur la 9, la route passe alors par **Ossining** ⑫, une ville qui ne dit rien à personne… Mais dont le pénitencier, réputé pour ses règles inhumaines et ses châtiments corporels, porte un nom glaçant qui a fait le tour du monde : **"Sing-Sing"**. Ouvert en 1825, il fut, entre autres, la dernière demeure des époux Rosenberg, jugés coupables d'espionnage au profit de l'Union soviétique et exécutés ici le 19 juin 1953, en pleine chasse aux sorcières maccarthyste.

Avant de poursuivre vers Croton-on-Hudson, on se remettra du souvenir de ces sinistres événements devant un café ou un burger revigorant, à l'étincelant **Landmark Diner** (265 South Highland Ave), bleu et chromé, dont l'intérieur n'a pas bougé depuis longtemps.

À **Croton-on-Hudson** ⑬, un peu à l'écart de la 9, le **Van Cortlandt Manor** (525 South Riverside Ave) raconte les années qui suivirent l'Indépendance. Cette grosse demeure de pierre et de bois entourée d'un balcon, recèle du mobilier, des objets et des costumes de cette époque où le jeune pays cherchait ses marques, animé par quelques familles influentes comme les Van Cortlandt. Dans le parc, la Ferry House, une taverne-auberge en briques hébergeait au XVIIIe siècle les voyageurs qui empruntaient l'**Albany Post Road**, voie postale mise en place au XVIIe siècle par le colon hollandais sur le tracé de pistes indiennes.

Passage sur la Bear Bridge Mountain Road

Passé Croton, l'Hudson se resserre et se tortille, et la route, passée de 9 à 6 (Bear Mountain Bridge Rd) se hisse sur une corniche rocheuse entre bois et rivière, jusqu'au **Bear Mountain Bridge**. Un peu avant le pont, sur une petite aire panoramique ⑭ au-dessus de l'Hudson, des panneaux informatifs racontent le rôle stratégique

Le Bear Mountain Bridge vu depuis la route 9

de la vallée pendant la guerre d'indépendance. D'édifiantes anecdotes y sont rapportées, notamment que les Patriotes, commandés par Georges Washington, cherchant à tout prix à empêcher les Anglais qui tenaient New York de remonter vers le nord, tendirent des chaînes d'une rive à l'autre... Un

système loin d'être infaillible ! On apprend également avec plaisir le grand retour dans la région du pygargue à tête blanche, ici appelé "Bald Eagle" et

symbole du pays. Sur la rive opposée, la "montagne de l'Ours" domine la vallée de ses... 392 mètres d'altitude, et, toujours plus à l'ouest, le **Harriman State Park** offre, sur ses milliers d'hectares, d'infinies possibilités de baignades et de randonnées. Mais une fois de plus, on restera solidement ancré sur la rive est.

Paix des ménages à Manitoga

À l'amorce du pont, sur la droite, la 9D file vers Garrison en frôlant **Manitoga** ⓯, propriété du designer et grand serviteur des arts ménagers Russel Wright, incontournable des années 1930 aux années 1950, celui-ci aménagea ici une retraite paisible,

Vue sur l'Hudson depuis le Cold Spring Park

Storm King Art Center
Sur la rive ouest, au-delà du vaste Storm King State Park, le Storm King Art Center expose en plein air des sculptures de Calder, Buren, Lichtenstein… Ces œuvres sont savamment disposées dans les collines afin de ménager de spectaculaires perspectives.

en harmonie totale avec la nature. Manitoga recrée en effet, dans ce lieu ravagé par l'extraction de pierres, un paysage "originel" planté d'essences locales, de mousses, de fougères et de fleurs sauvages. Sa maison ainsi que le domaine parcouru de sentiers sont ouverts au public – suivre les pancartes indiquant le **Russel Wright Design Center**. Sur l'autre rive, la prestigieuse académie militaire de West Point forme depuis 1802 les futurs cadres de l'armée.

Partie de campagne à Garrison

Les premières fermes apparaissent à l'approche de **Garrison** ⓰, où le paysage prend soudain un tour plus rural. À **Cold Spring** ⓱, dont la croquignolette "grand-rue" (Main St)

plonge vers l'Hudson, on retrouve le triptyque désormais traditionnel de la vallée : antiquités, restos, déco. Sur une placette aménagée près du rivage, tout au bout de Main St, trône la réplique d'un Parrot Gun, frêle canon qui donna de la voix pendant la Guerre civile. De la West Point Foundry voisine, grande pourvoyeuse d'armes à feu de 1817 à 1911, il ne reste plus grand-chose aujourd'hui : un bâtiment et quelques terrains progressivement mis en valeur par des archéologues industriels et l'association Scenic Hudson.

Sur la route de Beacon

Mais il est temps de mettre le cap sur Beacon, et son musée d'art contemporain, qui mérite à lui seul d'avoir parcouru tout ce chemin.

L'ÉCOLE DE L'HUDSON

Surnommé le Titien américain, Washington Allston (1779-1843) est l'un des premiers peintres à introduire le romantisme aux États-Unis. Mais la manifestation la plus importante du mouvement reste incarnée par la Hudson River School, qui trouve son inspiration dans le caractère sauvage et grandiose des paysages du Nord-Est. Son chef de file, Thomas Cole, commença à peindre les Catskills après avoir remonté l'Hudson sur un vapeur. Avec son ami Asher Durand, il reproduit à partir de 1825 des forêts, des ruines, des montagnes avec une précision dramatique proche de Constable et de Turner. Élève de Cole, Frederick Edwin Church étendra son sujet à tout le continent, et même à l'Europe. Comme lui, les membres de la seconde génération (1855-1875), adeptes des grands formats, furent surnommés les Luministes pour les effets de lumière ménagés dans leurs toiles. Church, mais aussi Kensett, Gifford et Albert Bierstadt contribuèrent à populariser l'idée de préservation de la nature par la création de grands parcs.

En route, à hauteur du Hudson Highlands State Park, tapie à moins de 200 mètres de la rive, la silhouette insolite du **Bannerman Castle** ⑱ rappelle une drôle d'anecdote. Situé sur Pollepel Island, un îlot rocheux dont le nom signifie en flamand "cuiller de bois", ce château aux lignes écossaises, fut construit par l'homme d'affaires Francis Bannerman VI, qui fit fortune en rachetant les surplus de l'armée après la guerre hispano-américaine de 1898. Le château regorgeait alors de matériel, de poudre et de munitions impossibles à stocker dans ses entrepôts new-yorkais. Un véritable arsenal... qui explose en août 1920, deux ans après sa mort ! Cinquante ans plus tard, un nouvel incendie achève de ravager l'édifice abandonné dont ne subsistent que les murs crénelés. On peut toutefois en faire le tour en bateau, et même en kayak. Et certaines visites organisées, accompagnées et casquées, permettent d'y poser le pied.

Et l'on arrive enfin à **Beacon** ⑲, devant le plus vaste musée d'art contemporain du monde, le **DIA : Beacon**. Inauguré en 2003 dans l'ancienne biscuiterie Nabisco, tout proche de la gare, le bâtiment se présente comme un immense entrepôt très bas sur l'horizon, cerné de pelouses impeccables. Béton, briques, verrières... le ton est donné d'une esthétique minimaliste et monumentale conçue pour des œuvres de grande ampleur, des années 1960 à nos jours. Chaque salle, dépouillée et aux volumes inédits, accueille un artiste. On peut ainsi admirer des toiles d'Andy Warhol, les larges ellipses de métal de Richard Serra, les hauts miroirs gris de Gerhard Richter ou encore des installations de Louise Bourgeois. La collection d'origine du

Où dormir vers Beacon ? Botsford Briar B&B (tél 845-831-6099 ; www.botsfordbriar.com ; 19 High St, Beacon ; avr-oct) Copper Penny Inn (845-452-3045 ; www.copperpennyinn.com ; 2406 New Hackensack Rd, Poughkeepsie)

DIA fut constituée dès 1974 par le marchand d'art Heiner Friedrich et sa femme Philippa de Menil. Petit à petit, le couple commanda et acheta des œuvres qui, faute de place, ne pouvaient être que partiellement exposées. Visionnaire, la fondation DIA ouvrit un lieu d'exposition à Chelsea, dès la fin des années 1980. Elle révolutionne aujourd'hui Beacon – et ses alentours –, où les rues endormies reprennent vie, animées par des boutiques chics et branchées, et irriguées par le flux de visiteurs qui se pressent ici chaque fin de semaine.

Vagabondages autour de Poughkeepsie

En disposant d'une journée supplémentaire, on pourra poursuivre

par les routes 9D puis 9, vers **Poughkeepsie** ⓴, capitale officieuse de la vallée et siège de la somptueuse et progressiste université d'art Vassar, qui s'enorgueillit d'abriter non seulement une extraordinaire bibliothèque mais aussi le **Frances Lehman Loeb Art Center**, riche de dizaines d'œuvres parmi lesquelles des toiles de Balthus, Cézanne et Picasso. À une dizaine de kilomètres de là, en direction d'Albany, la résidence cossue du président Franklin D. Roosevelt à **Hyde Park** ㉑ se tient hors de portée (3 km) du cottage de Val-Kill où son épouse Eleanor aimait à se retirer. Quant à la Vanderbilt Mansion, petit palais néoclassique doté d'une "chambre de la Reine" copiée sur celle de Versailles, elle dresse son architecture "à la française" à l'arrière d'un vaste parc manucuré situé à trois kilomètres au nord de la demeure de FDR.

Toujours plus loin, l'échappée belle

Annandale-on-Hudson ㉒ vaut de pousser encore un peu plus haut pour les paysages romantiques du domaine de Montgomery Place, dont les hameaux, cascades et vergers avec vue sur les collines attirèrent de nombreux artistes. Et pour le **Richard Fisher Center for Performing Arts,** dessiné au cœur du Bard College par Frank Gehry, opéra-théâtre d'acier et de béton aux formes ondoyantes qui reflètent la nature environnante.

DU BITUME À LA POUDREUSE

On trouvera autour de New York plus de grosses collines que de sommets effilés, mais qu'importe ! L'essentiel étant de s'oxygéner, en s'offrant de belles glissades à environ 2 heures de Big Apple. Il faut compter de 50 à 90$ pour une journée de ski (forfait + matériel).

Mountain Creek (Vernon Valley, New Jersey). À 1 heure 30 de New York, c'est la plus proche, mais par conséquent la plus bondée. Ses 45 pistes éclairées et ouvertes jusqu'à 22h sont prises d'assaut le week-end.

Camelback Mountain (Poconos, Pennsylvanie). À 1 heure 45 de New York par la route I-80, pour du *snow-tubing* (descente en bouée) et des pistes assez physiques ouvertes de 8h à 22h.

Shawnee Mountain (Poconos, Pennsylvanie). Cool et superbe, à 2 heures de New York. *Snow-tubing*, *halfpipe* pour les snowboarders, excellente école de ski et une vingtaine de pistes très abordables.

Hunter (Catskills, New York). Un mur de 480 mètres, 55 pistes dotées de canons à neige, et une école de ski pour les enfants font de cette station un site très prisé, à 2 heures 15 de New York.

Belleayre Mountain (Catskills, New York). À 2 heures 30 de New York. 47 pistes tous niveaux pour skieurs et surfeurs. Bus quotidien depuis Port Authority. Formule bus + forfait.

Windham Mountain (Catskills, New York). À 2 heures 30 de New York. Petite et familiale, elle propose 46 pistes assez faciles, dont 7 ouvertes jusqu'à 22h, ainsi que du *snow-tubing*.

Mohawk (Connecticut). À environ 2 heures 15 de New York. Moins encombrée que les stations des Catskills, Mohawk propose 27 pistes et 6 remontées sur un domaine d'une centaine d'hectares. Nocturne les vendredis et samedis.

Woodstock
Ceux qui souhaitent fouler l'herbe mythique de Woodstock, 40 ans après Canned Heat et Ten Years After, noteront que l'édition de 1969 avait été organisée dans un champ pentu de Bethel, à 70 km de là !

Plus loin encore sur la 9G, les orientalistes ne manqueront pas la fantaisie mauresque d'**Olana** ㉓ (5720 State Route 9G, Hudson), une villa d'inspiration persane conçue entre 1870 et 1891 par l'architecte Calvert Vaux pour le peintre de l'École hudsonienne Frederick Edwin Church, qui la considérait comme "le centre du monde".

Mais les amateurs de nature sauvage auront déjà franchi l'Hudson depuis longtemps. Peu après **Rhinebeck** en effet, le Kingston Rhinecliff Bridge mène aux replis boisés des Catskills, où se cachent trois stations de ski, Hunter, Windham et Belleayre, ainsi que la bonne ville de **Woodstock**, ses petites maisons de bois blanc et son folklore néo-baba. Une virée au grand air pour respirer à fond et trouver les "good vibrations" avant de replonger dans les trépidations de Big Apple…

Index

Carnet d'adresses

Les adresses sont classées par ordre d'apparition dans la promenade.

VERTICALITÉ
À VOIR
Skyscraper Museum
☎ 212-968-1961 ; www.skyscraper.org ; 39 Battery Pl ; adulte/senior et étudiant 5/2,50 $; 🕐 12h-18h mer-dim ; Ⓡ Bowling Green (4, 5)

Center for Architecture
☎ 212-683-0023 ; http://cfa.aiany.org ; 536 LaGuardia Pl ; entrée libre ; 🕐 9h-20h lun-ven et 11h-17h sam ; Ⓡ W 4th St (A, B, C, D, E, F, V)

New Museum of Contemporary Arts
☎ 212-219-1222 ; www.newmuseum.org ; 235 Bowery ; adulte/senior/ étudiant 12/8/6 $; 🕐 12h-18h mer et sam-dim, 12h-21h jeu-ven ; Ⓡ Prince St (6), Spring St (N, R) et 2nd Ave (F, V)

Top of the Rock
☎ 212-698-2000 ; www.topoftherocknyc.com ; 30 Rockefeller Plaza, entrée côté W 50th St, entre Fifth et Sixth Aves ; 🕐 8h-minuit, dernier ascenseur 23h ; Ⓡ 47th-50th Sts-Rockefeller Center (B, D, F, V)

Museum of Art and Design
☎ 212-9565-3535 ; www.madmuseum.org ; 2 Columbus Circle ; adulte/senior 9/7 $; 🕐 10h-18h mar-dim sauf jeudi 10h-20h ; Ⓡ 59th St-Columbus Circle (A, B, C, D, 1)

SE RESTAURER
Rice To Riches
☎ 212-274-0008 ; www.ricetoriches.com ; 37 Spring St ; $. Le spécialiste new-yorkais du riz au lait, décliné sur tous les tons. Sur place ou à emporter.

Public
☎ 212-343-7011 ; www.public-nyc.com ; 210 Elizabeth St ; 🕐 dîner uniquement lun-ven, brunch et dîner sam-dim ; $$. Une carte originale sillonnant le monde entier, une déco postindustrielle et des brunchs inoubliables !

Terrace 5
☎ pas de réservation ; www.momacafes.com ; 11 W 53rd St ; 🕐 11h-17h mer-lun, 11h-19h30 ven ; $$. Design scandinave et carte de saison dans ce "café" aérien suspendu au 5e étage du MoMA rénové.

SORTIR
Pegu Club
☎ 212-473-7348 ; www.peguclub.com; 77 W Houston St près de Wooster St ; 🕐 17h-2h ; Ⓡ Broadway-Lafayette St (B, D, F, V, 6)

Bryant Park Grill & Cafe
☎ 212-840-6500 ; www.peguclub.com ; 25 W 40th St près de Wooster St ; 🕐 11h30-23h ; Ⓡ 42nd St-Bryant Park (B, D, F, V)

The View Restaurant & Lounge
☎ 212-704-8900 ; http://nymarriottmarquis.com ; 1535 Broadway ; 48e ét., Marriott Marquis ; 🕐 soir uniquement ; Ⓡ Times Square-42nd St

Lobby Lounge
☎ 212-805-8876 ; www.mandarinoriental.com ; 35e ét., Mandarin Oriental New York, 80 Columbus Circle à hauteur de 60th St ; Ⓡ 59th St-Columbus Circle (A, B, C, D, 1)

Radio City Music Hall
☎ 212-247-4777 ; www.radiocity.com ; 51st St à hauteur de Sixth Ave ; Ⓡ 47th-50th Sts-Rockefeller Center (B, D, F, V)

ACHATS
Urban Center Books
☎ 212-935-3595 ; www.urbancenterbooks.org ; 457 Madison ; entrée libre ; 🕐 10h-18h30 lun-ven et 12h-17h30 sam ; Ⓡ 51st St (6) et 5th Ave-53rd St (E, V)

MoMA Design & Book Store
☎ 212-708-9700 ; www.moma.org ; 11 W 53rd St ; entrée libre ; 🕐 9h30-18h30 sam-jeu, 9h30-21h ven ; Ⓡ 5th Ave-53rd St (E, V)

NEW YORK À L'ÉCRAN
À VOIR
Rien à "visiter" dans cette flânerie urbaine, sinon cette étonnante adresse dans le Queens, donc hors itinéraire :

Museum of the Moving Image

☎ 718-784-4520 ; www. movingimage.us ; 35th Ave et 36th St, Astoria ; adulte/senior et étudiant/enfant 10/7,50/5 $, gratuit ven 16h-20h ; ⌚ 11h-17h mer-jeu, 12h-20h ven, 11h-18h30 sam-dim ; ⊞ Steinway St (G, R, V)

SE RESTAURER

Bubby's Pie Company

☎ 212-219-0666 ; 120 Hudson St à hauteur de N Moore St ; ⌚ tlj petit-déj, déj et dîner, brunch dim ; ⊞ Franklin St (1) ; $$. Calme et familiale, cette table propose des plats simples et délicieux qui raviront petits et grands.

Thalassa

☎ 212-941-7661 ; 179 Franklin St, entre Hudson St et Greenwich St ; ⌚ déj et dîner, brunch dim ; ⊞ Franklin St (1) ; $$$. Dans cet ancien entrepôt haut de plafond et plein d'allure, le poisson est ultrafrais et les saveurs inoubliables.

Cafe Gitane

☎ 212-334-9552 ; 242 Mott St ; ⌚ 17h30-23h30 ; ⊞ Prince St (N, R, W) ; $. Une pause méditerranéenne prisée des shoppers et des artistes du quartier: ceviche de thon, belles salades, boulettes de viande épicées… Yalla !

Otto Enoteca Pizzeria

☎ 212-995-9559 ; 1 Fifth Ave, à hauteur de 8th St ; ⌚ déj et dîner ; ⊞ W 4th St-Washington Sq (A, B, C, D, E, F, V) ; $$. Pizzas croustillantes, garnitures hors du commun, pâtes exotiques et glaces maison.

Soy Luck Club

☎ 212-229-9191 ; 115 Greenwich St à hauteur de Jane St ; ⌚ 7h-22h lun-ven, 9h-22h sam-dim ; ⊞ 8th Ave-14th St (A, C, E, L) ; $. Ce paradis des amateurs de soja sous toutes ses formes n'est pas sectaire : il y a aussi des paninis, des salades et des plats à base de viande.

Elaine's

☎ 212-534-8103 ; 1703 2nd Ave à hauteur de 88th St ; ⌚ tlj dîner ; ⊞ 86th St (4, 5, 6) ; $$$. Repaire de stars du cinéma et "cantine" de Woody Allen, ce restaurant de légende propose une cuisine italianisante de bonne tenue.

SORTIR

Mulberry Street Bar / Mare Chiaro

☎ 212-226-9345 ; 176 ½ Mulberry St, entre Broome St et Grand St ; ⊞ Grand St (B, D)

Caffe Reggio

☎ 212-475-9557 ; www.cafe reegio.com ; 119 Macdougal St ; ⊞ W 4th St-Washington Sq (A, B, C, D, E, F, V)

Landmark Sunshine Cinema

☎ 212-330-8182 ; www. landmarktheatres.com ; 143 E Houston St ; ⊞ 2nd Ave (F, V)

Anthology Film Archives

☎ 212-505-5181 ; www. anthologyfilmarchives.org ; 32 2nd Ave ; ⊞ 2nd Ave (F, V)

Angelika Film Center

☎ 212-995-2000 ; www. angelikafilmcenter.com ; 18 W Houston St ; ⊞ Broadway-Lafayette St (B, D, F, V), Prince St (R, W), Bleecker St (6)

Cinema Village

☎ 212-924-3363 ; www. cinemavillage.com ; 22 E 12th St ; ⊞ 14th St-Union Sq (L, N, R, 4, 5, 6)

Cherry Lane Theater

☎ 212-989-2020 ; www. cherrylanetheater.org ; 38 Commerce St ; ⊞ Houston St ou Christopher St-Sheridan Sq (1), W 4th St-Washington Sq (A, B, C, D, E, F, V)

Film Forum

☎ 212-727-8110 ; www. filmforum.org ; 209 W Houston St ; ⊞ Houston St (1)

Tribeca Cinemas

☎ 212-941-2001 ; www. tribecacinemas.com ; 54 Varick St, à hauteur de Laight St ; ⊞ Canal St (A, C, E, 1)

NEW YORK ARTY

À VOIR

The Vitra Store - Home Collect

☎ 212-463-5700 ; www.vitra. com ; 29 9th Ave ; ⊞ 8th Ave-14th St (A, C, E, L)

Wooster Projects

☎ 212-871-6700 ; www. woosterprojects.com ; 418 15th St ; ⊞ 8th Ave-14th St (A, C, E, L)

Chelsea Market

www.chelseamarket.com ;
75 9th Ave, à hauteur de 15th St ;
🚇 8th Ave-14th St (A, C, E, L)

Highline

De Gansevoort St à 34th St. Le
1er tronçon traverse Chelsea en
suivant 10th Ave, légèrement à
l'ouest.

Chelsea Art Museum

☎ 212-255-0719 ; www.
chelseaartmuseum.org ; 556 W
22nd St ; entrée libre ;
🕐 12h-18h mar, mer, ven et sam,
12h-20h jeu ; 🚇 23rd St (C, E) ;
🚌 M-23

Matthew Marks

☎ 212-243-0200 ; www.
matthewmarks.com ;
523 W 24th St ; 🚇 23rd St (C, E) ;
🚌 M-23

Mary Boone

☎ 212-752-2929 ; www.
maryboonegallery.com ; 541 W
24th St ; 🚇 23rd St (C, E) ;
🚌 M-23

Pace Wildenstein

☎ 212-989-4258 ; www.
pacewildenstein.com ; 545 W
22nd St (et aussi 534 W
25th St) ; 🚇 23rd St (C, E) ;
🚌 M-23

Metro Pictures

☎ 212-206-7100 ; www.
metropicturesgallery.com ; 519
W 24th St ; 🚇 23rd St (C, E) ;
🚌 M-23

Gagosian

☎ 212-741-1111 ; www.gagosian.
com ; 555 W 24th St ; 🕐 10h-18h
sam ; 🚇 23rd St (C, E) ; 🚌 M-23

Chelsea Hotel

☎ 212-243-3700 ; 222 W 23rd St,
entre 7th et 8th Ave ; 🚇 23rd St
(C, E)

Sculpture Center

☎ 718-361-1750 ; www.
sculpture-center.org ; 44-
19 Purves St, près de 43rd Ave ;
don récommandé 5 $; 🕐 11h-18h
jeu-lun ; 🚇 Court Sq-Long Island
City (G), 23rd St-Ely Ave (E, V),
45th Rd-Court House Sq (7)

PS1

☎ 718-784-2084 ; www.ps1.
org ; 22-25 Jackson Ave, à hauteur
de 46th Ave ; don recommandé
adulte/étudiant et senior 5/2 $;
🕐 12h-18h jeu- lun ; 🚇 Court Sq-
Long Island City (G), 23rd St-
Ely Ave (E, V), 45th Rd-Court House
Sq (7)

Isamu Noguchi
Garden Museum

☎ 718-204-7088 ; www.
noguchi.org; 9-01 33rd Rd, à
hauteur de Vernon Blvd ; adulte/
étudiant et senior 10/5 $;
🕐 10h-17h mer-ven, 11h-18h
sam-dim ; 🚇 Broadway (N, W),
🚌 Q-103

Socrate Sculpture Park

☎ 718-956-1819 ; Broadway,
à hauteur de Vernon Blvd ;
entrée libre ; 🕐 10h-coucher
du soleil ; 🚇 Broadway (N, W),
🚌 Q-103

SE RESTAURER
Spice Market

☎ 212-675-2322 ; www.
spicemarketnewyork.com ; 403
W 13th St, à hauteur de 9th Ave ;

🕐 déj et dîner ; 🚇 8th Ave-
14th St (A, C, E, L) ; $$$.
Pour déguster, dans un
imposant décor balinais, une
"cuisine de rue" asiatique…
signée Jean-Georges !

Tía Pol

☎ 212-675-8805 ; www.
spicemarketnewyork.com ;
205 10th St, entre W 22nd St
et W 23rd St ; 🕐 dîner mar-
dim ; 🚇 23rd St (C, E), $$).
Idéal après un vernissage,
ce minuscule et romantique
bar à tapas est une perle.
Arrivez le plus tôt possible !

Empire Diner

☎ 212-243-2736 ; www.
theempirediner.com ;
210 10th Ave ; 🕐 24h/24 ;
🚇 23rd St (C, E) ; $. Établi dans
un wagon Pullman argenté,
l'Empire sert de délicieux
hamburgers, salades et
omelettes.

Klee Brasserie

☎ 212-633-8033 ; www.
kleebrasserie.com ; 200 9th Ave
entre W 22nd St et W 23rd St ;
🕐 dîner ; 🚇 23rd St (C, E), $$.
Voici une brasserie chaleureuse
et gaie. Cuisine ouverte,
ingrédients très frais : endives
aux chanterelles et œuf poché ;
poulet à la réglisse, risotto
crevettes-citron. Veg' friendly.

Lounge 47

☎ 718-937-2044 ; 47-10 Vernon
Blvd, Long Island City ; 🕐 déj
et dîner ; 🚇 Vernon Blvd-
Jackson Ave (7) ; 🚢 Water-Taxi
Hunter's Point ; $$. Lumière

tamisée, patio, canapés, et carte infinie, du basique au subtil, une adresse qui monte…

Tournesol

☎ 718-472-4355 ; www.tournesolnyc.com ; 50-12 Vernon Blvd, Long Island City ; ☾ déj et dîner tlj sauf lun (dîner) ; 🚇 Vernon Blvd-Jackson Ave (7), 🚢 Water-Taxi Hunter's Point ; $$. En cas de mal du pays, ce bistrot vous redonnera des couleurs avec force quiche lorraine, frisée aux lardons, brie et quelques superbes poissons…

SORTIR
Half King

☎ 212-462-4300 ; 505 W 23rd St, à hauteur de 10th Ave ; ☾ 11h-4h lun-ven, 9h-4h sam-dim ; 🚇 23rd St (C, E)

Upright Citizens Brigade Theater

☎ 212-366-9176 ; www.ucbtheatre.com ; 307 W 26th ; 🚇 23rd St (C, E), 28th St (1)

Pink Elephant

☎ 212-463-0000 ; 527 W 27th St ; 20 $; ☾ 17h-4h mer-sam ; 🚇 23rd St (C, E)

Marquee

☎ 646-473-0202 ; 289 10th Ave, entre W 26th et W 27th St ; 20 $; ☾ 23h-4h mer-sam ; 🚇 23rd St (C, E)

Lotus

☎ 212-243-4420 ; www.lotusnewyork.com ; 409 W 14th St, entre 9th et 10th Aves ; 10-20 $; ☾ 23h-4h

mer-sam ; 🚇 8th Ave-14th St (A, C, E, L)

Harry's at Water Taxi Beach

www.watertaxibeach.com ; angle 2nd St et Borden Ave, Long Island City ; 🚇 Vernon Blvd-Jackson Ave (7) ; 🚢 Water Taxi Hunter's Point

The Creek & The Cave

☎ 718-706-8783 ; www.thecreekandthecave.com ; 10-93 Jackson Ave, à hauteur de 49th St, Long Island City ; 🚇 Vernon Blvd-Jackson Ave (7)

NEW YORK SPIRIT
À VOIR
Tenement Museum

☎ 212-431-0233 ; www.tenement.org ; 108 Orchard St à hauteur de Delancey ; adulte/senior et étudiant 17/13 $; ☾ 11h-17h ; 🚇 Grand St (B, D), Delancey St (F)

Synagogue d'Eldridge Street

☎ 212-219-0888 ; www.eldridgestreet.org ; 12 Eldridge St, entre Canal St et Division St ; 🚇 East Broadway (F)

Rivington Street et les galeries d'art du LES

🚇 Delancey St (F), Essex St (J, M, Z)

Tompkins Square Park

www.nycgovparks.org ; entre E 7th St et E 10th St, et Aves A et B ; ☾ 6h-minuit 🚇 Astor Pl (6)

6th St and Ave B Garden

www.6bgarden.org ; E 6th St et Ave B ; ☾ 13h-18h sam et dim ; 🚇 Astor Pl (6)

Maison de Charlie Parker

151 Ave B ; 🚌 M-9 ; 🚇 Astor Pl (6)

Bains russes et turcs

☎ 212-473-8806 ; www.russianturkishbaths.com ; 268 E 10th St, entre First Ave et Ave A ; forfait journée 30 $; ☾ 11h-22h lun, mar, jeu et ven, 9h-22h mer, 7h30-22h sam et dim ; 🚇 First Ave (L), Astor Pl (6)

St Mark's in the Bowery

☎ 212-674-6377 ; www.stmarkschurch-in-the-bowery.com ; 131 E 10th St, à hauteur de 2nd Ave ; ☾ 10h-18h lun-ven ; 🚇 Astor Pl (6), 3rd Ave (L)

SE RESTAURER
'Inoteca

☎ 614-04-73 ; 98 Rivington St ; ☾ déj et dîner tlj, brunch sam-dim ; 🚇 Delancey St-Essex St (F, J, M, Z) ; $$. Tramezzini, bruschettas, pain à la truffe ou lasagnes de légumes, tout est ici délicieux et raisonnable.

Earth Matters

Voir itinéraire *Vert et bio*.

Schiller's Liquor Bar

☎ 646-260-4555 ; www.schillersny.com ; 131 Rivington St ; ☾ déj, dîner et brunch ; 🚇 Delancey St-Essex St (F, J, M, Z) ; $$. L'une des plus belles brasseries du LES, et une carte bien séduisante !

WD-50

☎ 212-477-2900 ; 50 Clinton St ; ☾ dîner lun-sam; 🚇 Delancey St-Essex St (F, J, M, Z) ; $$$. Plancher en bambou, poutres apparentes, cheminée, mets très raffinés et un menu "découverte" à 125 $ (12 plats).

Momofuku Noodle Bar

☎ pas de réservation ; 171 1th Ave, près de E 10th St ; 🚇 1st Ave (L), Astor Pl (6) ; $$. Qu'est-ce qui explique un tel succès ? Les fabuleux fruits de mer, les ramen, le ris de veau, la salade de poulpe grillé, la langue de bœuf et les délicieux bib bim bap (riz aux légumes).

SORTIR
Cake Shop

☎ 212-253-0036 ; www.cake-shop.com ; 52 Ludlow St ; 🚇 Essex St-Delancey St (F, J, M, Z)

Paladar

☎ 212-473-3535 ; www.paladarrestaurant.com ; 161 Ludlow St ; 🚇 Essex St-Delancey St (F, J, M, Z)

Mercury Lounge

☎ 212-260-4700 ; www.mercuryloungenyc.com ; 217 E Houston St, entre Ave A et Ludlow St ; 🚇 Lower East Side-2nd Ave (F, V)

Nuyorican Poets Cafe

☎ 212-505-8183 ; www.nuyorican.org ; 236 E 3rd St ; 🚇 Lower East Side-2nd Ave (F, V)

Horseshoe Bar (7B)

☎ 212-677-6742 ; 108 Ave B, à hauteur de 7th St ; 🚇 Lower East Side-2nd Ave (F, V), 1st Ave (L)

McSorley's Old Ale House

☎ 212-473-9148 ; 15 E 7th St, entre 2nd Ave et 3rd Ave ; 🚇 Astor Pl (6)

Milk & Honey

www.mlkhny.com ; 134 Eldridge St, entre Delancey St et Broome St ; 🚇 Grand St (B, D)

PDT

☎ 212-614-0386 ; www.pdtnyc.com ; 113 St Marks Pl entre 1st Ave et Ave A ; 🚇 1st Ave (L)

KGB

☎ 212-505-3360 ; www.kgbbar.com ; 85 E 4th St ; 🚇 Lower East Side-2nd Ave (F, V), Bleecker St (6)

Sapphire

☎ 212-777-5153 ; www.sapphirenyc.com ; 249 Eldridge St, à hauteur de E Houston St ; 5 $; 🚇 Lower East Side-2nd Ave (F, V)

Arlene's Grocery

☎ 212-995-1652 ; www.arlenesgrocery.net ; 95 Stanton St, à hauteur d'Orchard St ; 🚇 Lower East Side-2nd Ave (F, V)

Delancey

☎ 212-254-9920 ; www.thedelancey.com ; 168 Delancey St, à hauteur de Clinton St ; 🚇 Essex St-Delancey St (F, J, M, Z)

NEW YORK BABEL
À VOIR
Steinway Factory

☎ 718-721-2600 ; www.steinway.com ; 1 Steinway Pl, Astoria ; 🕐 visites lun et mar 9h30-12h ; 🚇 Astoria-Ditmars Blvd (N, W) ; 🚌 Q-100 et Q-101. Pour découvrir la célèbre manufacture, téléphonez ou envoyez un mail à info@steinway.com.

Jackson Heights Historic District

Entre Roosevelt Ave et 34th Ave, de 70th St à 90th St. Cité-jardin construite en 1917 et que l'on peut visiter en juin, à l'occasion du Historic Jackson Heights Week-end.

Flushing Meadows Corona Park

☎ 718-760-6565 ; www.nycgovparks.org ; 🚇 Willets Point-Shea Stadium (7). Avec ses édifices et monuments très "guerre froide", sa mappemonde de 36 mètres de haut (la plus grosse du monde), sa mosaïque signée Warhol et Dali, et le Shea Stadium tout proche, ce vaste parc dessiné pour les expositions universelles de 1939 et 1964 dégage une atmosphère très spéciale.

Queens Museum of Arts

☎ 718-592-9700 ; www.queensmuseum.org ; Flushing Meadows Corona Park ; adulte/senior et étudiant 5/2,50 $; 🕐 10h-17h mer-ven et 12-17h sam-dim (sept-juin), 12-18h mer-dim sauf ven 12h-20h (juil-août) ; 🚇 111th St (7)

Maison de Louis Armstrong (Louis Armstrong House Museum)

☎ 718-478-8274 ; www.louisarmstronghouse.org ; 34-56 107th St ; adulte/ senior et étudiant 8/6 $; 🕐 10h-17h mar-ven, 12h-17h sam-dim ; 🚇 130th St-Corona Plaza (7)

SE RESTAURER
Malagueta
☎ 718-937-4821 ; 25-35 36th Ave ; ⌚ dîner mar-ven, déj et dîner sam-dim ; 🚇 36th Ave (N, W); $$. La salle est sobre, mais l'exotisme est dans l'assiette : crevettes au lait de coco, mousse aux fruits de la passion, et surtout, la très roborative feijoada du samedi !

Elia's Corner
☎ 718-932-1510 ; 24-02 31st St ; ⌚ dîner ; 🚇 Astoria Blvd (N, W) ; $$. Choisissez votre poisson au comptoir, on vous le grille, et vous le mangez. Fruits de mer en entrée, bières et vins grecs.

Jackson Diner
☎ 718-672-1232 ; 37-47 74th St, entre Roosevelt Ave et 37th Ave ; ⌚ déj et dîner ; 🚇 Jackson Hts-Roosevelt Ave (E, F, R, V), 74th St-Broadway (7) ; $. L'un des meilleurs buffets à volonté de New York. Curries différents chaque jour, naan bien frais, riz et autres douceurs indiennes…

Mario
☎ 718-639-5555 ; 81-01 Roosevelt Ave ; ⌚ déj et dîner ; 🚇 82nd St-Jackson Hts (7) ; $$. Ce colombien vaut le détour. Il sait griller les poulets comme personne et ne lésine pas sur la quantité !

Spicy & Tasty
☎ 718-359-1601 ; 39-07 Prince St, à hauteur de 39th Ave ; ⌚ déj et dîner; 🚇 Flushing-Main St (7) ; $. Un block à l'ouest du métro, ce restaurant du Sichuan sert une cuisine très épicée. Menus à 5 $.

SORTIR
Omonia Café
☎ 718-274-6650 ; www.omoniacafe.com ; 32-20 Broadway, Astoria ; 🚇 Broadway (N, W)

Bohemian Hall & Beer Garden
☎ 718-274-4925 ; www.bohemianhall.com ; 29-19 24th Ave, Astoria ; 🚇 Astoria Blvd (N, W)

Galaxy Pastry Shop
☎ 718-545-3181 ; 37-11 30th Ave, Astoria ; 🚇 30th Ave (N, W)

Eagle Theater
☎ 718-205-2800 ; 73-07 37th Rd ; 🚇 Jackson Hts-Roosevelt Ave (E, F, G, R, V), 74th St-Broadway (7)

Club Atlantis
☎ 718-457-3939 ; 76-19 Roosevelt Ave ; ⌚ 22h-4h ven-lun ; 🚇 Jackson Hts-Roosevelt Ave (E, F, G, R, V), 74th St-Broadway (7)

Palacio de los Cholados
☎ 718-779-8020 ; 83-18 Northern Blvd ; 🚇 82nd St-Jackson Hts (7)

NEW YORK VERT ET BIO
À VOIR
Paley Park
3 E 53rd St ; 🚇 5th Ave-53rd St (E, V)

Cohen Park
121 E 57th St ; 🚇 59th St (4, 5, 6) et Lexington Ave-59th St (N, R, W)

Sutton Place
Entre E 55th, 56th, 57th et 58th St et l'East River ; 🚇 Lexington Ave-59th St (N, R, W) et Lexington Ave-53rd St (E, V) ; 🚌 15, 31 et 57

Greenacre Park
217 E 51st St ; 🚇 51st St (6) et Lexington Ave-53rd St (E, V)

Tudor City Greens
25 Tudor City Pl ; 🚇 42nd St-Grand Central (4, 5, 6, 7)

Union Square Farmers Market
Union Sq W entre 15th et 17th St ; www.cenyc.org/greenmarket ; ⌚ 8h-18h lun, merc, ven et sam ; 🚇 14th St-Union Sq (4, 5, 6, L, N, Q, R, W)

Gramercy Park
Entre 20th St et 21st St, à hauteur de Lexington Ave ; 🚇 23rd St (6)

Stuyvesant Park
Entre E 15th St et E 17th St, à hauteur de 2nd Ave ; 🚇 3rd Ave et 1st Ave (L)

Sara D. Roosevelt Park
Entre E Houston St, Canal St, Chrystie St et Forsyth St ; 🚇 2nd Ave-Lower East Side (F, V), Bowery (J, M, Z), Grand St (B,D)

Columbus Park
Entre Bayard St, Worth St, Baxter St et Mulberry St ; 🚇 Canal St (J, M, Z, 6) et Chambers St (J, M, Z)

African Burial Ground

☎ 212-637-2019 ; www.africanburialground.gov ; 290 Broadway, entre Duane St et Elk St ; ◷ 9h-17h lun-ven ; 🚌 15, 22, 51 ; Ⓡ Chambers St (A, C, J, M, Z) et Brooklyn Bridge-City Hall (4, 5, 6)

City Hall Park

Entre Broadway, Park Row et Chambers St ; Ⓡ City Hall (2, 3), Brooklyn Bridge-City Hall (4, 5, 6), Chambers St-Brooklyn Bridge (J, M, Z)

Empire Fulton Ferry Park

26 New Dock St, Dumbo, Brooklyn ; Ⓡ York St (F) et High St (A, C) ; 🚢 Water Taxi

SE RESTAURER
Rouge Tomate

☎ 646-237-8977 ; www.rougetomatenyc.com ; 10 E 60th St ; ◷ déj et dîner ; Ⓡ 5th Ave-59th St (N, R, W) et 59th St (4, 5, 6) ; $$$. Dans ce vaste espace contemporain déployé sur deux niveaux, on se régale de somptueux cocktails et d'une cuisine inventive de saison, jouant allègrement la carte locale et bio.

Whole Foods

☎ 212-673-5388 ; www.wholefoodsmarket.com ; 4 Union Sq West ; ◷ 8h-23h ; Ⓡ 14th St-Union Square (4, 5, 6, L, N, Q, R, W) ; $. Le nouveau temple du bio propose une restauration saine et très variée en self-service. Bondé le midi.

Quartino Bottega Organica

Voir itinéraire *Architecture*.

Earthmatters

☎ 917-412-6674 ; www.earthmatters.com ; 177 Ludlow St ; ◷ 8h-22h ; Ⓡ 2nd Ave-Lower East Side (F, V) et Essex St-Delancey St (F, J, M, Z) ; $. Épicerie "verte", cantine veg' et cybercafé durable… C'est bon, bio et branché !

Doyers Vietnamese Restaurant

☎ 212-513-1521 ; 11 Doyers St, entre The Bowery et Pell St ; ◷ déj et dîner ; Ⓡ Canal St (J, M, N, Q, R, W, Z, 6) ; $. Une institution sobre et intime où savourer un curry d'anguilles ou de cresson, une salade de papaye aux crevettes ou des filets de tilapia croustillants.

SORTIR
230 Fifth

☎ 212-725-4300 ; 230 5th Ave, à hauteur de 27th St ; Ⓡ 28th St (N, R, W, 6)

D'UNE RIVE À L'AUTRE
À VOIR
Intrepid Museum

☎ 212-245-0072 ; www.intrepidmuseum.org ; Pier 86, entre W 46th St et 12th Ave ; adulte/senior et étudiant/enfant 19,50/15,50/14,50 $; ◷ 10h-17h mar-dim (oct-mars), 10h-17h lun-ven et 10h-18h sam-dim (avr-sept) ; 🚌 34, 42 et 50 ; Ⓡ 42nd St (A, C, E) ; 🚢 Water Taxi W 44th St

Chelsea Piers

www.chelseapiers.com ; Pier 59 à 62, à hauteur de 23rd St et 12th Ave ; 🚌 23 ; Ⓡ 23rd St (C, E)

Castle Clinton

☎ 212-344-7220 ; www.nps.gov/cacl ; Battery Park ; entrée libre ; ◷ 8h30-17h lun-dim ; 🚌 34, 42 et 50, Ⓡ South Ferry (1), Bowling Greene (4, 5) et Whitehall (R, W)

South Street Seaport Museum

☎ 212-748-8786 ; www.southstreetseaportmuseum.org ; 12 Fulton St ; adulte/senior et étudiant/enfant 10/8/5 $; ◷ 10h-18h mar-dim (avr-déc), 10h-17h ven-dim (jan-mars) ; 🚌 15 ; Ⓡ Fulton St (2, 3) ; 🚢 Water Taxi South Street Seaport

Governor's Island

☎ 212-514-8285 ; www.govisland.com et www.nps.gov/gois ; accès libre ; ◷ 10h-17h ven et 10h-19h sam-dim (oct-mars) ; visites 2 fois/jour, uniquement l'été ; Ⓡ Bowling Greene (4, 5) et South Ferry (1) ; 🚢 ferry gratuit

Statue de la Liberté et Ellis Island

☎ 212-363-3200 (ferry), 212-269-5755 (time pass), 866-782-8834 (réservations, n° gratuit) ; www.nps.gov/stli et www.statuereservations.com ; ferry adulte/senior/enfant 12/10/5 $; ◷ 9h 17h ; Ⓡ Bowling Greene (4, 5) et South Ferry (1)

SE RESTAURER
EN Japanese Brasserie
☎ 212-647-9196 ; 5 Hudson St à hauteur de Leroy St ; ⏱ déj et dîner ; Ⓜ Houston St (1), $$. Un grand bar à sushis avec vue sur l'Hudson, des serveurs exubérants, une carte sublime et ultra-fraîche… On y retourne.

Financier Patisserie
☎ 212-334-5600 ; 62 Stone St à hauteur de Mill Lane ; ⏱ 7h-20h30 lun-ven, 7h-19h sam ; Ⓜ Wall St (2,3) et Broad St (J, M, Z), $. Français, délicieux et abordable ! Desserts maison inoubliables et petits plats au diapason…

Stella Maris
☎ 212-233-2417 ; 213 Front St ; ⏱ petit-déj, déj et dîner ; Ⓜ Fulton St-Broadway-Nassau St (A, C, J, M, Z, 2, 3, 4, 5), $$. Ce nouveau pub irlandais apporte une touche de distinction et de modernité dans cette vieille rue pavée.

Café du magasin Fairway
☎ 718-694-6868 ; 480-500 Van Brunt St, Red Hook, Brooklyn ; ⏱ 8h-20h ; 🚌 B-61 jusqu'au terminus ; ⛴ Water Taxi "IKEA Express" ; $. Sandwichs et plats simples à déguster sur la terrasse de cette gigantesque épicerie. Vue imprenable sur la baie.

Steve's Authentic Key Lime Pies
☎ 718-858-5333 ; www.stevesauthentic.com ; 204 Van Dyke St, Pier 41, Red Hook, Brooklyn ; ⏱ tlj jusqu'à 18h ; 🚌 B-61 jusqu'au terminus ; ⛴ Water Taxi "IKEA Express" ; $. Les tartes au citron vert sont une institution de Red Hook, à l'arrière d'un ancien entrepôt au bord de l'eau.

Nathan's Famous
☎ 718-946-2202 ; www.stevesauthentic.com ; 1310 Surf Avenue, Coney Island, Brooklyn ; ⏱ petit-déj, déj et dîner même tard ; Ⓜ Coney Island-Stillwell Ave (D, F) ; $. Non loin de la plage, les amateurs de "chien chaud" viendront en pèlerinage chez l'inventeur du hot dog.

SORTIR
Plunge
☎ 212-206-6700 ; Hotel Gansevoort, 18 9th Ave, à hauteur de 13th St ; Ⓜ 14th St (A, C, E) et 8 Ave (L)

Rise
☎ 212-344-0800 ; 14e ét., Battery Park City Ritz-Carlton; 2 West St à hauteur de Battery Pl ; Ⓜ Rector St (N, R, W)

Sunny's
☎ 718-625-8211 ; 253 Conover St, entre Beard St et Reed St ; ⏱ 20h-2h mer, 20h-4h ven-sam ; 🚌 B-61 jusqu'au terminus ; ⛴ Water Taxi "IKEA Express"

BROOKLYN BY BUS
À VOIR
Brooklyn Museum
☎ 718-638-5000 ; www.brooklynmuseum.org ; 200 Eastern Parkway ; don recommandé adulte/senior et étudiant 10/6 $; ⏱ 10h-17h mer-ven, 11h-18h sam-dim ; Ⓜ Eastern Parkway-Brooklyn Museum (2, 3)

Brooklyn Public Library
☎ 718-230-2100 ; www.brooklynpubliclibrary.org ; Grand-Army Plaza ; Ⓜ Grand-Army Plaza (2,3)

Brooklyn Botanic Garden
☎ 718-623-7200 ; www.bbg.org ; 1000 Washington Ave ; don recommandé adulte/senior et étudiant 8/4 $, gratuit mar et sam 10h-12h ; ⏱ 8h-18h mar-ven et 10h-18h sam-dim (mi-mars à oct), 8h-16h30 mar-ven et 10h-16h30 sam-dim (nov à mi-mars) ; Ⓜ Eastern Parkway-Brooklyn Museum (2, 3)

Brooklyn Historical Society
☎ 718-222-4111 ; www.brooklynhistory.org ; 128 Pierrepont St ; don recommandé adulte/senior et étudiant 6/4 $; ⏱ 12h-17h mer-ven et dim, 10h-17h sam ; Ⓜ Clark St (2, 3), Court St (M, R), Borough Hall (4, 5) et Jay St-Borough Hall (A, C, F)

Williamsburg Art and Historical Center
☎ 718-486-7372 ; www.wahcenter.net ; 135 Broadway, Williamsburg ; ⏱ 12h-18h sam-

dim et sur RDV ; 🚇 Marcy Ave (J, M, Z) ; 🚌 B-61

Grand Ferry Park
Grand St et East River ; 🚇 Bedford Ave (L) ; 🚌 B-61

Brooklyn Brewery
☎ 718-486-7422 ; http://brooklynbrewery.com ; 79 N 11th St ; 🕐 10h-18h sam-dim ; 🚇 Nassau Ave (G), Bedford Ave (L) ; 🚌 B-61

Pierogi
☎ 718-599-2144; www.pierogi2000.com ; 177 N 9th St ; 🕐 11h-18h mar-dim, (12h-17h jeu-dim l'été) et sur RDV ; 🚇 Bedford Ave (L), Metropolitan Ave (G) ; 🚌 B-61

SE RESTAURER
Rose Water
☎ 718-783-3800 ; http://rosewaterrestaurant.com ; 787 Union St, Park Slope ; 🕐 dîner tlj à partir de 17h30, brunch 10h-15h sam-dim ; 🚇 Union St (M, R), Grand-Army Plaza (2, 3), 7th Ave (B, Q) ; $$. Fraîcheur et délicatesse sont les maîtres mots de cette jolie cantine qui réjouira locavores et amateurs de bio.

Al di Là
☎ 718-783-4565 ; 248 5th Ave, à hauteur de Caroll St ; 🕐 dîner mer-lun ; 🚇 Union St (M, R) ; $$. Pas de réservation et beaucoup d'animation pour ce restaurant qui met à l'honneur les plats du nord de l'Italie : lapin braisé au vin blanc, raviolis maison…

Blue Ribbon Sushi Brooklyn
☎ 718-840-0408 ; 278 5th Ave, entre 1st St et Garfield Pl ; 🕐 dîner ; 🚇 Union St (M, R) ; $$. Sushis et sashimis dans cette petite salle élégante façon SoHo, l'une des meilleures du quartier.

Tom's Restaurant
☎ 718-636-8738 ; 782 Washington Ave, à hauteur de Sterling Pl ; 🕐 petit-déj et déj lun-sam ; 🚇 Eastern Pkwy-Brooklyn Museum (2, 3) ; $. Tom séduit le voisinage avec ses petits-déjeuners (œufs, frites maison, cookies, pancakes…) servis toute la journée et ses egg creams.

Lucali
☎ 718-858-4086 ; 575 Henry St à hauteur de Carroll St ; 🕐 dîner mer-lun ; 🚇 Carroll St (F, G) ; $. Les meilleures pizzas de New York et rien d'autre… Mais on peut apporter sa boisson.

Teresa's
☎ 718-797-3996 ; 80 Montague St, Brooklyn Heights ; 🕐 7h-23h ; 🚇 Clark St (2, 3) et Court St (M, R) ; $$. Bien plus qu'un restaurant polonais, même si les *pierogi* sont à se damner !

Perelandra Natural Food Center
☎ 718-855-6068 ; 175 Remsen St ; 🕐 8h30-19h lun-ven, 9h30-19h sam ; 🚇 Court St (M, R), Borough Hall (4, 5) ; $. Jus frais, salades, muffins, sandwichs… tout est végétarien et bio "à 95%".

Relish
☎ 718-963-4546 ; www.relish.com ; 225 Wythe Ave, à hauteur de N 3rd Rd, Williamsburg ; 🕐 déj et dîner; 🚇 Bedford Ave (L) ; $. Un dîner cinégénique, des burgers fondants, un patio… le bonheur !

Bozu
☎ 718-384-7770 ; www.oibozu.com ; 296 Grand St ; 🕐 dîner ; 🚇 Bedford Ave (L), 🚌 B-61 ; $$. La mezzanine extérieure de ce japonais branché est prise d'assaut dès les beaux jours. Normal avec une carte si alléchante…

SORTIR
Aux adresses citées dans l'itinéraire, on ajoutera :
Warsaw
☎ 718-387-0505; www.warsawconcerts.com; Polish National Home, 261 Driggs Ave, à hauteur de Eckford St, Greenpoint ; 🚇 Nassau Ave (G), Bedford Ave (L). Nouveau classique des salles new-yorkaises, cette vieille salle de bal reçoit groupes indie et pointures internationales.

LE LONG DE L'HUDSON
À VOIR
Hudson River Museum
☎ 914-963-4550 ; www.hrm.org ; 511 Warburton Ave, Yonkers ; adulte/senior et enfant 5/3 $; 🕐 12h-17h mer-dim, 12h-19h30 ven ; 🚇 Glenwood (Hudson Line)

Sunnyside
☎ 914-631-8200 ; www.

hudsonvalley.org ; 3 W Sunnyside Lane, Irvington ; adulte/senior/enfant 12/10/6 $; ⌚ 11h-18h mer-lun (avr-oct), 10h-16h sam-dim (nov-déc) ;

🚉 Irvington ou Tarrytown (Hudson Line)

Lyndhurst

☎ 914-631-4481 ; www.lyndhurst.org ; 635 South Broadway, Tarrytown ; adulte/senior/enfant 12/11/5 $; ⌚ 10h-17h mar-dim (mi-avr à oct), 10h-16h sam-dim (nov à mi-avr) ; 🚉 Irvington ou Tarrytown (Hudson Line)

Philipsburg Manor

☎ 914-631-2120 ; www.hudsonvalley.org ; 381 N Broadway, Sleepy Hollow ; adulte/senior/enfant 12/10/6 $; ⌚ 10h-18h mer-lun (avr-oct), 10h-16h sam-dim (nov-déc) ;

🚉 Philipse Manor ou Tarrytown (Hudson Line)

Kykuit

☎ 914-631-8200 ; www.hudsonvalley.org ; 381 N Broadway, Sleepy Hollow ; adulte/senior et enfant 23/21 $; ⌚ 9h-17h mer-lun (mai-oct) ; 🚉 Philipse Manor ou Tarrytown (Hudson Line)

Van Cortlandt Manor

☎ 914-631-8200 ; www.hudsonvalley.org ; 500 S Riverside Ave, Croton-on-Hudson ; adulte/senior/enfant 12/10/6 $; ⌚ 11h-18h jeu-dim (23 mai-7 sept), 10h-16h sam-dim (nov-dec) ; 🚉 Croton-Harmon (Hudson Line et Amtrak)

Manitoga / The Russel Wright Design Center

☎ 845-424-3812 ; 584 Route 9D, Garrison; www.russelwrightcenter.org ; adulte/senior/enfant 15/13/5 $; ⌚ 11h lun-ven, 11h et 13h30 sam-dim (mai-oct) ; 🚉 Garrison (Hudson Line) + taxi (réservation au ☎ 845-265-8294)

Storm King Art Center

☎ 845-534-3115 ; www.stormking.org ; 🚉 Pleasant Hill Rd, Mountainville ; adulte/senior et étudiant/enfant 10/9/7 $; ⌚ 10h-17h mer-dim (avr-nov) ; 🚌 Coach USA, à partir de Port Authority, départ 10h de New-York et 16h45 de Storm King, aller-retour adulte/enfant 44/22 $

DIA : Beacon

☎ 845-440-0100 ; www.diabeacon.org ; 3 Beekman St, Beacon ; adulte/senior et étudiant 10/7 $; ⌚ 11h-18h jeu-lun (16 avr-19 oct), 11h-16h jeu-lun (22 oct-9 nov) et 11h-16h ven-lun (13nov-12 avr) ; 🚉 Beacon (Hudson Line)

SE LOGER
Botsford Briar B&B

☎ 845-831-6099 ; 19 High St, Beacon; ch 90-150 $; ⌚ avr-oct ; 🚉 Beacon (Hudson Line)

Copper Penny Inn

☎ 845-452-3045 ; www.copperpennyinn.com ; 2406 New Hackensack Rd, Poughkeepsie ; ch 139-229 $; 🚉 Poughkeepsie (Hudson Line ou Amtrak)

SE RESTAURER
Landmark Diner

☎ 914-762-7700 ; 265 S Highland Ave, Ossining ; ⌚ 7h-0h30 dim-jeu, 7h-2h ven-sam ; 🚉 Scarbourough (Hudson Line) ; $. En bordure de route, un magnifique diner à l'ancienne, avec façade en inox, banquettes accueillantes, burgers, cheese-cakes et café chaud.

Stone Barns

☎ 914-366-9600 ; www.stonebarnscenter.org ; 630 Bedford Rd, Pocantico Hills, près de Tarrytown ; ⌚ 17h-22h mer-jeu, 17h-23h ven-dim ; 🚉 Tarrytown (Hudson Line) ; $. Les deux restaurants de cette ferme bio – le premier est élégant, le second très simple – ne servent que des produits de saison ultrafrais en provenance du potager.

Brother's Trattoria

☎ 845-838-3300 ; www.brotherstrattorias.com ; 465 Main St, Beacon ; ⌚ déj et dîner ; 🚉 Beacon (Hudson Line) ; $$. Un intérieur italianisant pour une cuisine méditerranéenne soignée.

Cup & Saucer Tea Room

☎ 845-831-6287 ; 165 Main St, Beacon, 🚉 Beacon (Hudson Line) ; $

Infos pratiques

AMBASSADES ET CONSULATS

New York étant le siège des Nations unies, presque tous les États du monde y disposent d'une représentation diplomatique. Voici quelques adresses utiles :
France (☎ 212-606-3680 ; 934 5th Ave ; www.consulfrance-newyork.org)
Belgique (☎ 212-586-5110 ; 1330 6th Ave)
Canada (☎ 212-596-1783 ; 1251 6th Ave, entre 49th St et 50th St ; www.canada-ny.org)
Suisse (212-599-5700 ; 780 3rd Ave)

ARGENT

CHANGE DE DEVISES
Le taux de change est souvent meilleur dans les banques que dans les bureaux de change. La banque Chase, dotée de plus de 80 succursales à Manhattan, ne prélève aucun frais.

DISTRIBUTEURS
Vous en trouverez 24h/24 dans les banques et la plupart des supérettes. À moins qu'ils ne soient affiliés à votre banque, comptez 3 $ de commission par retrait. Évitez ceux des discothèques et autant que possible ceux situés dans les petits magasins ou donnant sur la rue, surtout s'ils ne disposent pas de caméra de surveillance

car beaucoup, truqués, enregistrent les numéros de carte.

MONNAIE

Le dollar américain, surnommé "buck", est divisé en 100 cents (¢). Il existe des pièces de 1 ¢ (penny), 5 ¢ (nickel), 10 ¢ (dime), 25 ¢ (quarter), 50 ¢ (half-dollar ; rare) et 1 $. Les billets se présentent en coupures de 1 $, 2 $ (rare), 5 $, 10 $, 20 $, 50 $ et 100 $. Certains magasins n'acceptent pas les coupures de plus de 20 $.

HEURE LOCALE

New York appartient au fuseau horaire de l'Eastern Standard Time (EST) soit un retard de 5 heures par rapport au méridien de Greenwich (GMT). L'heure d'été s'applique du premier dimanche d'avril (+ 1 heure) au dernier samedi d'octobre. Lorsqu'il est midi à New York, il est 18h à Paris.

TÉLÉPHONE

L'indicatif des États-Unis est le 1. À Manhattan, les numéros sont précédés d'un indicatif à trois chiffres (212, 246 ou 917). Le 246 et le 917 servent aussi de préfixes aux portables. Il faut *toujours* composer le numéro à dix chiffres précédés du 1, même dans Manhattan. Pour les quartiers périphériques, les indicatifs sont le 718 et le 347.

INDICATIFS INTERNATIONAUX
Pour appeler l'étranger depuis New York, composez le code d'accès international ☎ 011, suivi de l'indicatif du pays (33 pour la France, 32 pour la Belgique, 41 pour la Suisse, 1 pour le Canada) et du numéro de votre correspondant (sans le 0 initial).

NUMÉROS UTILES
Informations locales ☎ 311
Annuaire ☎ 411
Indicatif international ☎ 011
PCV (collect call) ☎ 0
Appels par opérateur ☎ 01 + le numéro (un opérateur vous répondra)
Horloge parlante ☎ 212-976-1616
Météo ☎ 212-976-1212

OFFICES DU TOURISME ET SITES INTERNET

À NEW YORK
NYC et Co (☎ 212-484-1222 ; www.nycvisit.com ; 810 7th Ave angle 53rd St ; 🕐 8h30-18h lun-ven, 9h-17h sam-dim ; 🚇 42nd St-Times Sq (N, R, W, 2, 3). D'autres guichets d'information sont installés dans les aéroports, à Times Square, à Grand Central Terminal et à Penn Station.

À L'ÉTRANGER
Office du tourisme des États-Unis (☎ 0899 70 24 70, 1,35 €/appel + 0,34 €/min ; www.office-tourisme-usa.com ;

infos@office-tourisme-usa.com)

SITES INTERNET
Vous trouverez des informations et des liens sur New York sur le site de Lonely Planet (www.lonelyplanet.fr).
Autres sites intéressants :
New York City Insider (www.theinsider.com)
New York City Search (www.newyork.citysearch.com)
New York Times (www.nytimes.com)
NYC & Co (www.nycvisit.com)

CARTES DE REDUCTION
Le **New York City Pass** (www.citypass.com), vendu en ligne ou aux billetteries des principaux sites touristiques au prix de 65 $ (valeur 131 $), donne accès à l'Empire State Building, au Metropolitan Museum of Art, au Museum of Modern Art, au Guggenheim Museum, à l'American Museum of Natural History, et inclut une croisière Circle Line (www.circleline42.com).
Le **New York Pass** (www.newyorkpass.com), disponible en ligne à 75 $ et valable une journée, permet de visiter 40 sites majeurs (les Nations-Unies, la statue de la Liberté, le Guggenheim, etc.) et de bénéficier d'offres dans 25 boutiques et restaurants. Il existe aussi en deux, trois ou sept jours à retirer sur place ou que l'on peut vous envoyer chez vous avant le départ.

L'**Entertainment Book** (www.entertainment.com), que vous pouvez commander à l'avance pour 20 $, fourmille d'offres de réduction pour les restaurants, boutiques et autres prestations de services.

POURBOIRES
Les serveurs gagnent moins que le salaire minimum ; si vous êtes satisfait, il convient de laisser un pourboire équivalent à 15-20 % de la note. Le service n'est pas automatiquement inclus dans l'addition, mais certains restaurateurs facturent 15% de supplément pour les tables de plus de six personnes.
Voici quelques exemples de pourboires :
Porteurs de bagages : 5 $ pour le premier bagage et 1 $ par bagage supplémentaire.
Bars : au moins 1 $ par consommation (voire plus pour être mieux ou plus rapidement servi la prochaine fois).
Vestiaires : 2 $ par article.
Coiffeurs : 15 $
Personnel hôtelier : 2 $ par service rendu.
Restaurants : 15 $ à 20 $ (sauf fast-foods, self-services et vente à emporter).
Femmes de chambre : au moins 5 $ par jour.
Taxis : 10 $ à 15 $
Guides touristiques : 20 $ par famille/groupe pour une journée.

FORMALITÉS ET VISA
VISA
Les ressortissants français, belges et suisses peuvent séjourner aux États-Unis sans visa, pour une durée inférieure à 90 jours, à condition d'être munis d'un passeport sécurisé à lecture optique (dit modèle "Delphine" en France), délivré avant le 26 octobre 2005.
Les citoyens en possession d'un passeport électronique (ou biométrique, avec photo numérisée), délivré depuis mai 2006, bénéficient aussi de l'exemption de visa.

NOUVEAU FORMULAIRE
Attention, depuis le 12 janvier 2009, il est impératif de remplir l'**ESTA** (Electronic System for Travel Authorization) avant d'embarquer sur un avion, pour obtenir une autorisation de voyage aux États-Unis. Ce formulaire remplace celui que l'on remplissait précédemment dans l'avion. Il est valable pour une durée de 2 ans ou jusqu'à expiration du passeport. Il peut être rempli au plus tard 72 heures avant le départ, mais il est plus sage de le faire aussitôt le voyage planifié. Pour ce faire, il convient de se rendre sur le site Internet **ESTA** (https://esta.cbp.dhs.gov). Dans la plupart des cas, les agents de sécurité intérieure donnent leur accord en ligne presque immédiatement en renvoyant

la mention "autorisation approuvée".

Comment s'y rendre

AVION
De nombreux vols directs relient quotidiennement New York aux principales villes d'Europe. En principe, les vols internationaux atterrissent à l'aéroport John F. Kennedy (JFK). Le Newark Liberty International Airport, dans le New Jersey, est une autre option, à 26 km de Manhattan en voiture.

DEPUIS LA FRANCE
Au départ de Paris, comptez en moyenne 8 heures de vol à l'aller et 7 heures au retour. Les tarifs varient de 370 € à 900 € en fonction de la saison. La haute saison new-yorkaise s'étend de mi-juin à mi-septembre, et une semaine avant et après Noël.
Les compagnies ci-dessous sont susceptibles d'offrir des vols sans escale à des prix intéressants :
Air France (☎ 0820 870 870 ; www.airfrance.fr)
American Airlines (☎ 0810 870 870 ; www.americanairlines.fr)
Continental Airlines (☎ 0800 523 3273 ; www.continental.com)
Delta Airlines (☎ 0800 354 080 ; www.delta.com)

United Airlines (☎ 0810 727 272 ; www.united.fr)
US Airways (☎ 0810 632 222 ; www.usairways.com)

La compagnie **L'Avion** (☎ 0892 462 462 ; www.lavion.fr) propose des vols en classe affaires uniquement, au départ de Paris-Orly, à des tarifs avantageux.

DEPUIS LA BELGIQUE
Depuis la Belgique, les tarifs sont assez similaires à ceux pratiqués en France. Vous pourrez vous adresser aux agences **Airstop** (☎ 070 23 31 88 ; www.airstop.be) ou **Connections** (☎ 070/23 33 13 ; Bruxelles ☎ 02-647 06 05). La compagnie **Continental Airlines** (☎ 02-643 39 39 ; www.continental.com) propose un vol quotidien depuis Bruxelles vers l'aéroport de Newark.

DEPUIS LA SUISSE
Selon la saison, vous pourrez trouver des billets au départ de Genève pour environ 1 000 FS. **STA Travel** (www.statravel.ch ; Lausanne ☎ 058-450 48 50 ; Genève ☎ 058-450 48 30 ou 058-450 48 00) vous renseignera. En outre, **Swiss** (☎ 0848 700 700 ; www.swiss.com) et **Continental Airlines** (☎ 022-417 72 80 ; www.continental.com) proposent de nombreux vols depuis Zurich vers l'aéroport JFK et depuis Genève vers l'aéroport de Newark.

AÉROPORTS
JOHN F. KENNEDY AIRPORT
L'aéroport international **John F. Kennedy** (www.kennedyairport.com) se situe à l'extrémité du Queens, à environ 24 km de Midtown (45 à 75 min en voiture, davantage aux heures de pointe).
Voici quelques numéros utiles :
Renseignements (☎ 718-244-4444)
Réservations hôtelières (☎ 212-267-5500)
Objets trouvés (☎ 718-244-4225/6)
Services médicaux (☎ 718-656-5344)
Parkings (☎ 718-244-4444)
Traveler's aid (☎ 718-656-4870 ; ⏰ 10h-18h). Située dans le hall des arrivées des terminaux 1, 3, 4, 6, 7, 8 et 9, cette association aide les voyageurs bloqués.

LAGUARDIA AIRPORT
L'aéroport de **LaGuardia** (www.laguardiaairport.com) se trouve au nord du Queens, à 13 km de Manhattan, soit à 20 min de voiture mais jusqu'à 2 heures avec la circulation.
Voici quelques numéros utiles :
Renseignements (☎ 718-533-3400)
Réservations hôtelières (☎ 212-267-5500)
Objets trouvés (☎ 718-639-1839)
Parkings (☎ 718-533-3400)

Comment circuler

Les embouteillages sont récurrents dans les rues passantes de Manhattan. Le métro constitue donc, le moyen de transport le plus rapide et le plus économique. Les bus peuvent s'avérer intéressants, lorsque le trafic est fluide. Procurez-vous un plan du réseau de transports en commun aux guichets du métro. Après 1h, le taxi est plus pratique.

BATEAU

Les ferries de **New York Waterway** (☎ 800-533-3779; www.nywaterway.com) remontent l'Hudson et vont de Midtown au Yankee Stadium, dans le Bronx. Une ligne relie la gare ferroviaire New Jersey Transit à Hoboken, au World Financial Center dans Lower Manhattan ; les bateaux partent toutes les 5 à 10 min aux heures de pointe (6 $/trajet, 10 min).
Les **New York Water Taxi** (☎ 212-742-1969 ; www. nywatertaxi.com ; Adulte/enfant 20/15 $ le "one day pass") rencontrent un franc succès. Ces bateaux-taxis jaunes desservent plusieurs débarcadères le long de West Side. C'est une superbe façon de rejoindre Midtown, Lower Manhattan, et des quartiers de Brooklyn et du Queens. Water Taxi Beach (www.watertaxibeach.com) est un arrêt très apprécié.

BUS

Les **bus urbains** (☎ 718-330-1234) circulent 24h/24. Ils empruntent généralement les avenues dans le sens nord-sud et les grands axes d'est en ouest. Le ticket coûte 2 $. Il faut faire l'appoint (pièces uniquement) ou utiliser une MetroCard (voir ci-après) car les chauffeurs ne rendent pas la monnaie.

MÉTRO

Le métro new-yorkais ou **Subway** (☎ 718-330-1234) fonctionne 24h/24. Dans ce guide, l'icône 🚇 signale la station la plus proche pour chaque adresse. Si vous passez du métro au bus (ou l'inverse) moins de 18 min après la première validation, la correspondance est gratuite. Pour connaître les itinéraires de lignes de bus et de métro les plus récents et être informé des modifications de dernière minute, consultez la rubrique "NYC Transit" sur le site www.mta.nyc.ny.us. Les sites www.hopstop.com, www.trips123.com et www.publicroutes.com offrent des informations gratuites sur les transports publics new-yorkais et limitrophes.

TRAINS EXPRESS OU OMNIBUS ?

Il est fréquent de monter à bord d'un "express" ne desservant pas la station à laquelle on souhaite descendre. Sachez que, sur une ligne de même couleur, circulent à la fois des express et des omnibus (reconnaissables à leur cercle blanc sur le plan du métro). Les express ne s'arrêtent qu'à quelques stations dans Manhattan. Par exemple, sur la ligne rouge, le 2 et le 3 sont des express, le 1, moins rapide, s'arrête plus souvent. Si vous devez effectuer un long trajet – par exemple de l'Upper West Side jusqu'à Wall St –, mieux vaut prendre un express (souvent sur le quai en face de l'omnibus) pour gagner du temps.

AFFRONTER LE WEEK-END

Le week-end, attention : les règles changent. Des lignes se combinent avec d'autres, certaines ne fonctionnent pas, le métro ne s'arrête plus aux stations prévues… Sur les quais, les New-Yorkais sont aussi perdus que les touristes. Consultez le site **www.mta.info** pour connaître les horaires du week-end. Il arrive qu'aucun panneau d'information ne soit visible avant d'être sur un quai.

FORFAITS

La **MetroCard** (☎ 718-330-1234) est la solution la plus simple pour circuler en transports en commun. Elle s'achète chez les marchands de journaux ou dans les stations de métro. Le "one-day Fun Pass" (8,25 $) est très avantageux : il permet d'emprunter métros et bus en accès illimité.

Une fois validé, il est valable jusqu'à 3h du matin. Les cartes hebdomadaires (27 $) ou mensuelles (89 $) sont également rentables, mais il faut attendre 18 min entre chaque utilisation, afin que deux personnes ne partagent pas la même carte. On peut aussi créditer du montant de son choix la MetroCard, auprès d'un automate ou au guichet (un trajet offert pour plusieurs achetés). À savoir : les tickets achetés à l'unité dans les distributeurs du métro expirent au bout de deux heures. Au moment où nous écrivons ces lignes, le ticket à l'unité coûtait 2,25 $, mais ce tarif est sujet à modifications.

TAXI

Les taxis libres ont une lumière allumée sur le toit (les lumières latérales indiquent que le chauffeur a fini son service). La course est facturée au compteur et démarre à 2,50 $, à laquelle il faut ajouter le pourboire (10 ☎ -15 ☎ , minimum 50 ¢). Un supplément de 50 ¢ s'applique de 20h à 6h.

VÉLO

Les pistes cyclables se multiplient, et les parcs se prêtent à de belles balades. Retrouvez des adresses de location de vélo dans l'encadré p. 108.

VOITURE

Sauf nécessité absolue, mieux vaut éviter de conduire à Manhattan.

LOCATION

Louer une voiture revient très cher. Si, toutefois, vous souhaitez louer une voiture pour quelques jours, réservez-la par l'intermédiaire d'une agence ou sur Internet avant votre voyage. Sans réservation, une voiture de catégorie moyenne vous coûtera au moins 100 $/jour une fois toutes les charges ajoutées au prix de la location (taxe à 13,375 ☎ et assurances diverses, etc.). Beaucoup de New-Yorkais ont recours au self-service **Zipcar** (☎ 212-691-2884, 866-494-7227 ; www.zipcar.com), un service de location partagée. Les premiers prix sont de 60/100 $/jour en semaine/le week-end (carburant, assurance et parking compris). Il est toutefois nécessaire d'acquitter un droit d'entrée de 25 $.

Les principales agences de location à New York sont :
Avis (☎ 800-331-1212)
Budget (☎ 800-527-0700)
Dollar (☎ 800-800-4000)
Hertz ☎ 800-654-3131)
Thrifty (☎ 800-367-2277)

STATIONNEMENT

Stationner à New York est un vrai casse-tête. Beaucoup de rues sont dotées de parcmètres à recharger toutes les heures ou deux. Dans certains quartiers, il existe des emplacements gratuits où des panneaux "no parking" précisent les heures auxquelles il faut enlever sa

voiture. Parfois, trouver une place semble impossible, alors qu'il s'agit d'une simple question d'heure : s'il est hors de question de se garer à Chinatown la journée, le quartier peut se vider dès 19h ou 20h. Si vous avez la chance de trouver une place, vérifiez tous les panneaux alentour plutôt deux fois qu'une. Les conducteurs finissent généralement dans un parking ou un garage (compter en moyenne 25 $ la journée). Pour en savoir plus sur la circulation, notamment sur le stationnement alterné, consultez le site du **New York City Department of Transportation** (DOT ; www. nyc.gov/html/dot/home. html).